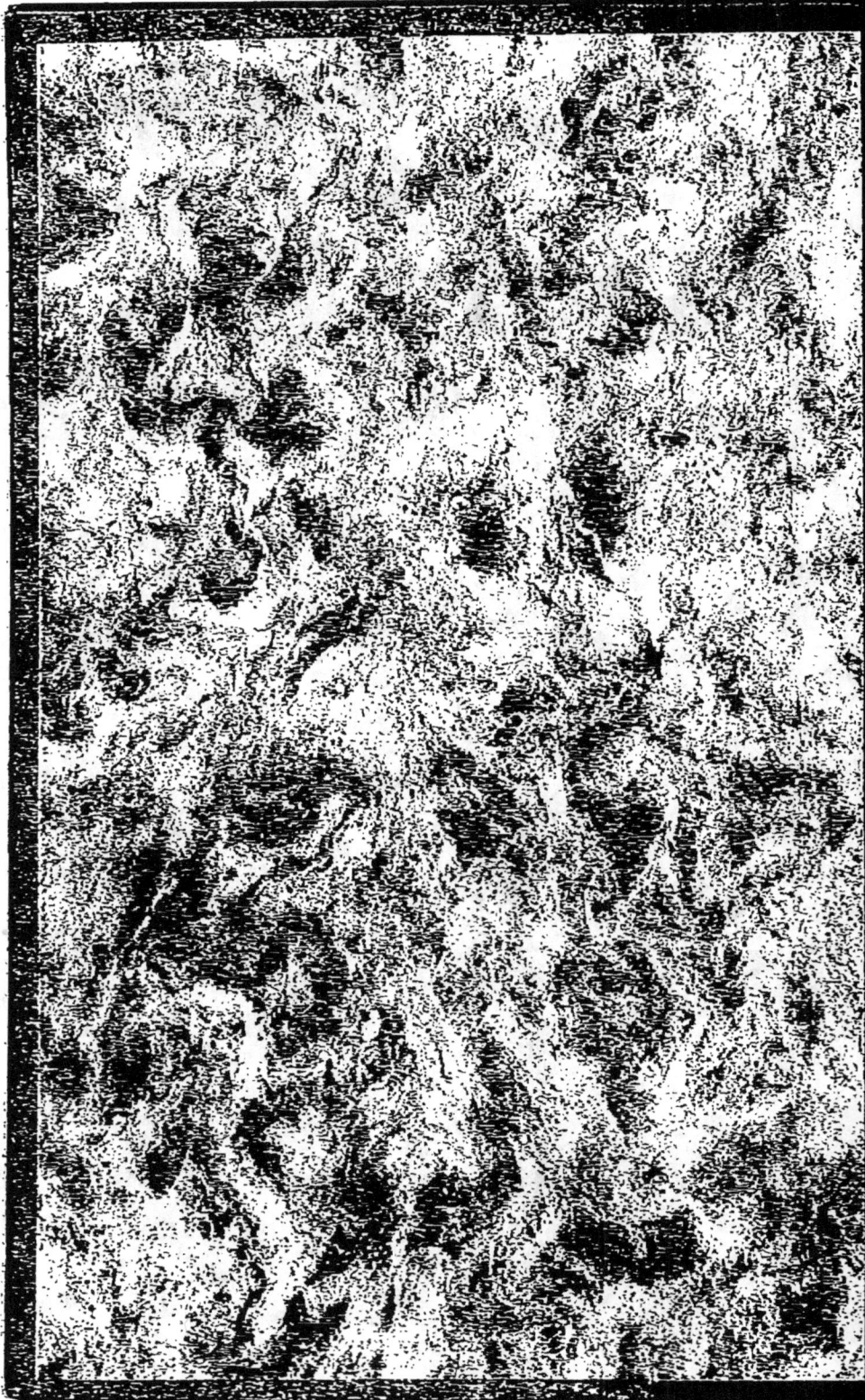

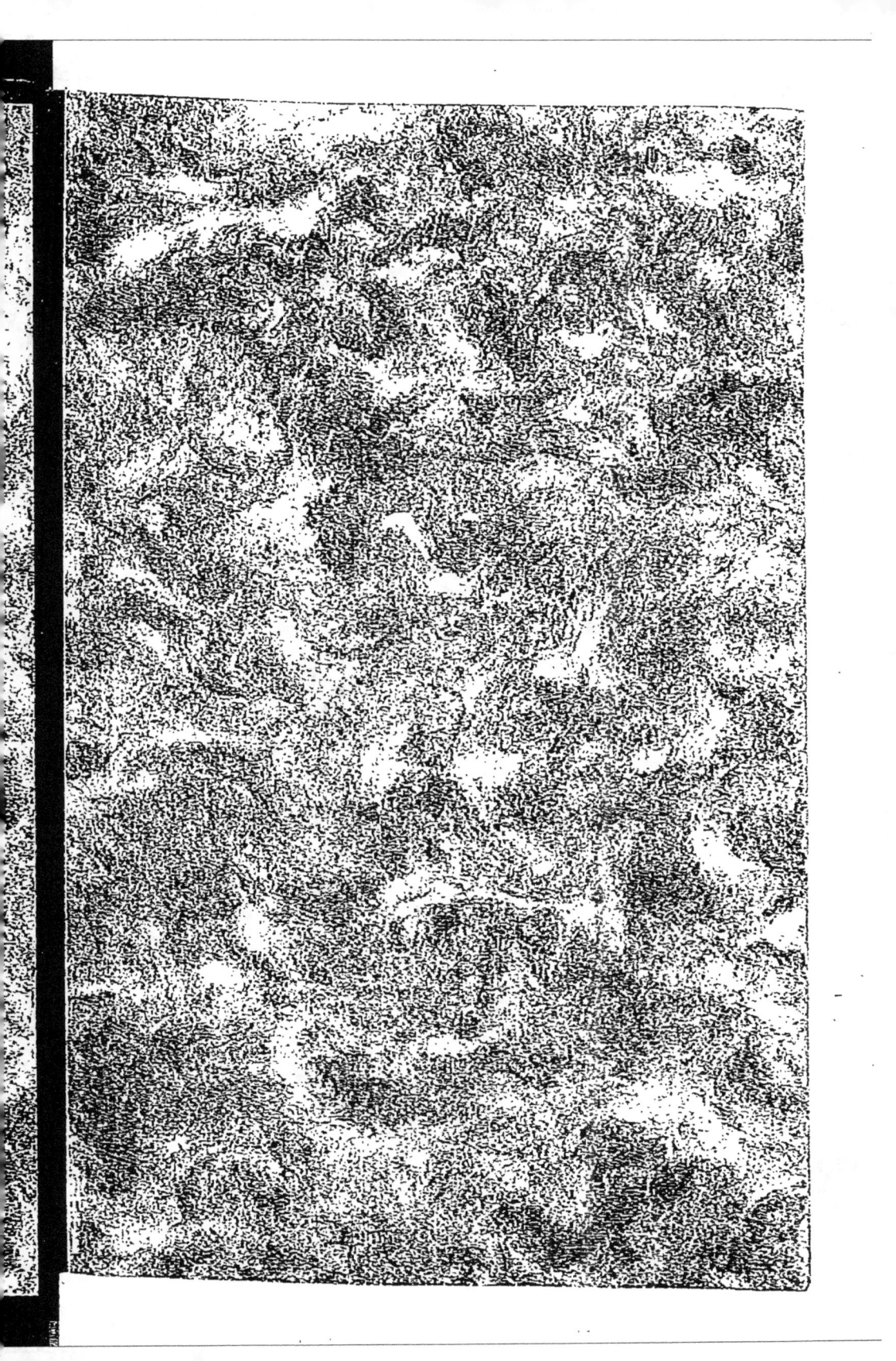

CRITIQUE SOCIALE

AUGUSTE BLANQUI

CRITIQUE SOCIALE

II

FRAGMENTS ET NOTES

CRITIQUE SOCIALE

AUGUSTE BLANQUI

TOME SECOND

FRAGMENTS ET NOTES

PARIS

ANCIENNE LIBRAIRIE GERMER BAILLIÈRE ET Cie

FÉLIX ALCAN, ÉDITEUR

108, BOULEVARD SAINT—GERMAIN, 108

1885

FRAGMENTS

I

L'ÉPARGNE

LA CAISSE D'ÉPARGNE

La caisse d'épargne est une jonglerie et un fléau. Jonglerie et fléau en même temps, si elle pouvait renter la totalité des travailleurs. Car cette rente, fournie par l'impôt, serait servie aux travailleurs par les travailleurs eux-mêmes, source unique de l'impôt. Leur main droite solderait leur main gauche, avec perte d'un déchet picoré au passage par les parasites pour perception et distribution. Jonglerie encore, mais fléau plus nuisible, si elle reste ce qu'elle est et sera nécessairement toujours, le recours du petit nombre, c'est-à-dire une dîme supplémentaire, prélevée sur les masses au profit de la minorité, un développement du parasitisme, et dès lors une source nouvelle de malaise, de souffrances, par conséquent de révolutions. Juste châtiment du charlatanisme qui a prétendu en faire une pilule soporifique contre les agitations populaires.

La caisse d'épargne est une création rétrograde, une pensée d'égoïsme et de corruption qui, par un destin assez ordinaire, s'est prise au piège de sa propre duplicité.

1850.

La caisse d'épargne, cette merveilleuse institution de la philanthropie, est une jonglerie et un mensonge.

Pour preuve, il suffit de pousser le principe jusqu'au bout : tous les Français sont déposants. Quel est le résultat ? La nation payant d'une main, comme impôt, ce qu'elle touche de l'autre, comme revenu. Perte sèche : les frais d'administration, c'est-à-dire les frais de l'impôt à percevoir et les frais de distribution.

Supposez maintenant que des travailleurs, — un vingtième de la population, — touchent vingt millions d'intérêt pour un versement de cinq cent millions. Ils se paient à eux-mêmes la vingtième partie de leurs rentes. Le surplus est prélevé sur l'impôt; ils grèvent donc la France d'une charge de dix-neuf millions qui s'accroît chaque année par la continuité de la rente touchée.

C'est un emprunt continu et indéfini. Cet emprunt permanent crée une dette flottante et

montante, toujours exigible, et le créancier de
cette dette· se compose précisément de la classe
la plus sujette aux paniques. De là, sur sa tête, la
menace des suspensions forcées de paiement. Ce
fil de la banqueroute s'est rompu une fois déjà en
1848. Tout accourut au remboursement. L'État,
mis au pied du mur, insolvable, a dû violer ses
engagements, consolider d'autorité cette dette
flottante, au détriment tout à la fois des créanciers et du Trésor. Le Trésor a consolidé au-dessus
du cours, sacrifiant ainsi la différence. Les
créanciers ont perdu le cinquième de leur capital,
puis vendu leurs titres à vil prix, par peur et par
besoin. L'agiotage, comme d'habitude, a pêché
en eau trouble et bénéficié de toutes les pertes.

Eh! bien, cette leçon n'a pas servi. La dette flottante s'est bientôt reconstituée par l'insouciance
oublieuse des uns, par le calcul machiavélique
des autres. Point d'accusation plus grave contre
les économistes que cette caisse d'épargne, œuvre
chérie de leurs coryphées, prônée, répandue par
eux tous, au mépris de leur dogme fondamental,
la non-intervention de l'État dans les affaires privées. De quel droit, à quel titre, cette levée de
vingt-cinq à trente millions sur le pays pour servir
un revenu à quelques milliers de personnes ?

Parmi les hommes de cette génération, qui ne
se rappelle les hurlements de la finance contre
les prêts du Trésor aux associations ouvrières ?

C'était le renversement de toute justice, de toute raison ! La Bourse ne chante point cette antienne-là à propos de la caisse d'épargne, ingérence bien autrement scandaleuse dans les transactions sociales. Une rente à des particuliers, prise sur l'impôt, sans nécessité publique !

Sans nécessité, oui ! mais non sans motif, et ce motif est toujours le même, l'intérêt du pouvoir, sa sécurité. La caisse d'épargne a pour but de coudre, par un fil d'argent, au manteau de pourpre de César, les puissantes guenilles du prolétariat. Solidarité précieuse, qu'on peut bien payer trente millions, surtout en les prenant dans la poche du prolétaire lui-même. Mais le fisc n'a pas seulement cette peine. Il ne débourse pas, il embourse au contraire. Chaque année, l'excès des dépôts sur les retraits suffit à servir la rente de la dette et il reste un boni au Trésor.

Cette petite spéculation est bien connue de la police correctionnelle et de la cour d'assises. Elle consiste, on le voit, à payer, sur le capital versé, des dividendes aux actionnaires, afin d'amorcer les dupes. Les particuliers qui se la permettent y ramassent quelques années de centrale. Le gouvernement, lui, s'en fait un revenu régulier. Vient enfin la débâcle, comme en 1848. Mais bah ! — c'est la fin du monde cela, les gouvernements sont éternels.

Ils n'admettent pas la fin du monde ; et puis, si

elle arrive, ma foi, tant pis ! que les héritiers s'en tirent. Quelle bonne histoire ! un milliard, payable dans les vingt-quatre heures, avec dix millions d'encaisse !

Sous le gouvernement bourgeois de Louis-Philippe, les financiers, ravis d'abord de voir des prolétaires enrôlés par la rente dans l'armée de l'ordre, avaient battu des mains à l'invention des philanthropes. Mais, gens de calcul avant tout, ils ne tardèrent pas à prendre peur de cette invasion de la plèbe dans la dette publique et l'on ne songea plus qu'à l'entraver par la réduction du chiffre maximum des dépôts. Précaution vaine ! L'argent du petit monde continuait d'affluer dans la caisse, à l'effroi croissant du juste milieu.

Cette dette flottante, montée jusqu'aux milliards, était passée à l'état d'épouvantail classique. M. Thiers, dès qu'il n'était plus ministre, enfourchait ce cheval de l'Apocalypse, pour secouer la terreur sur le troupeau bourgeois. Du haut de sa bête caracolante, il montrait du geste l'abîme d'où allait s'élancer le dragon de la banqueroute. Le portefeuille de retour, il mettait pied à terre et rentrait à l'écurie son noir coursier.

Ces temps naïfs sont loin. La dynastie napoléonienne nous a cuirassé l'épiderme, et personne ne s'inquiète ni de la caisse d'épargne, ni des bons du Trésor, cet autre facteur de la dette flottante, moyen ingénieux de manger son blé en herbe.

L'indifférence est même telle que le Gargantua, sevré d'emprunt, avait songé à ce filon de
réserve. Un projet anodin proposait de porter de
mille à trois mille francs le pécule maximum de
chaque déposant. Les écus de la domesticité ne
demandaient pas mieux, ils auraient couru à l'appât et ouvert une assez jolie rigole à drainage.

Que s'est-il passé dans la coulisse?

Le drainage y a-t-il fait scandale? La Bourse
a-t-elle clabaudé? Je ne sais. Toujours est-il que
le projet de loi est resté dans les cartons législa-
tifs. Ajourné? Enterré?... Ce serait dommage.
Pour Gargantua des millions à croquer, pour ses
successeurs des milliards à rembourser, coup
double.

1867.

DU CAPITAL ET DE L'ÉPARGNE

On dit : « Sans épargne, point de capital. Sans
« capital, point d'avances possibles aux travail-
« leurs, partant point de travail. »

Autrement dit : « Le capital, fruit de l'épargne,
« est un produit, accumulé par avance, que le
« travailleur consomme pour en reproduire un
« nouveau. Donc, sans épargne ou capital, point
« de travail. »

Sophisme et mensonge! des produits accumulés ? Et sous quelle forme ? fixe ou mobile ? Mobilière ou immobilière ?

Quelque énorme qu'on suppose le capital disponible, à si bas prix qu'il descende, la nation, dans une année, ne peut fournir au delà d'une certaine quantité de main-d'œuvre. A quoi bon dès lors cette accumulation de l'épargne ? Elle ne saurait provoquer une production qui dépasse les forces créatrices du pays. Elle est donc inutile et pis qu'inutile, funeste. Son unique résultat est de substituer l'arbitraire à la spontanéité et d'asservir le travail au régime de la fantaisie. Bien plus, sous prétexte de le créer, elle commence par le détruire.

Aucune société ne peut vivre sans morale et la morale a pour fondement la justice. « Ne fais pas à autrui ce que tu ne voudrais pas qu'on te fît. » Cette loi, gravée dans les cœurs, est aussi vieille que l'humanité historique. Toutes les doctrines aspirent naturellement à la prendre pour enseigne et l'économie politique, bien que bâtie de chiffres, non de sentiments, n'a pas manqué de l'inscrire sur sa bannière, surtout depuis l'apparition du socialisme.

Patronne obligée du capital qui est toute sa religion, elle s'évertue à réconcilier avec la conscience humaine le prêt à intérêt flétri du nom d'usure par l'instinct universel de tous les peuples. Elle va jusqu'à s'attendrir sur les vertus qui l'ont mis au monde et voudrait entourer son berceau de l'auréole du sacrifice. Dans cette poétique monographie, le prêt à intérêt se transforme en bienfaiteur, et le monde lui doit des autels.

« L'épargne est sa mère », s'écrient les princes de la science, « l'épargne, la plus utile, la plus « méritoire, la plus sainte des vertus. Parmi les « hommes, les uns, dans leur imprévoyance, ne « savent rien réserver. D'autres, au contraire, « soigneux et prudents, épargnent en vue de l'a-« venir, au prix des souffrances et des privations. « Le capital sort de cette puissance du sacri-« fice. »

Oui, dans la société humaine qui vit uniquement de réciprocité et d'échange, il y a des spéculateurs sans scrupules qui se serrent le ventre, afin de ne pas acheter le produit du voisin, tout en plaçant le leur, et qui profitent ensuite de la détresse causée par cette vilenie pour lever un impôt sur leurs victimes. Ils rendent le mal pour le bien. Ce sont des flibustiers et ces flibustiers se font ainsi des capitalistes.

1867.

Le peuple, seul véritable consommateur, parce qu'il n'épargne pas. L'épargne tue l'échange.

Février 1868.

II

BALANCE DU COMMERCE

La *balance du commerce* est une sottise. L'excès des importations sur les exportations n'entraîne nullement une perte de numéraire, et prouve encore moins un appauvrissement. C'est tout le contraire.

La statistique des douanes, dans ses tableaux, n'accuse que les marchandises ou denrées, jamais les valeurs métalliques qui sont cependant aussi une marchandise. Ces valeurs ne figurent à l'entrée et à la sortie qu'à titre de renseignement.

Les introducteurs de métaux précieux ne sont pas des industriels ou des négociants; ce sont des banquiers et leurs opérations ne ressemblent en rien à celles du commerce. Le métal est fourni par des banques étrangères qui l'expédient, non point en retour d'autres produits, mais moyennant une prime payée par le demandeur, qui saura bien récupérer cette avance avec bénéfice.

II. — 1*

Qui motive ces demandes de numéraire? Les besoins de l'échange. Elles signifient donc activité dans les transactions intérieures, par conséquent prospérité.

Maintenant, admettez un excédent d'un demi-milliard dans les importations. La France le solde en argent. S'appauvrit-elle de ces 500 millions, comme l'affirme la théorie de la balance? Pas du tout. Si nous avons payé en or le demi-milliard de marchandises qui dépassait nos propres exportations, d'un autre côté, ce demi-milliard s'est introduit chez nous, sans tambour ni trompette, sous forme de matières d'or et d'argent, appelées précisément par cette suractivité de l'échange. Peut-être même est-il entré plus de numéraire qu'il n'en est sorti, malgré les 500 millions absorbés par la plus-value de l'importation étrangère.

En somme, ces 500 millions de marchandises du dehors viennent s'ajouter à la consommation des produits indigènes, ce qui n'est point un signe de misère. Consommation, c'est bien-être.

Supposez au contraire l'excédent d'un demi-milliard dans nos exportations. On nous le solde en métaux. Fort bien. Sommes-nous enrichis d'autant? Grosse illusion! Tandis que cet argent entre en fracas par les portes de la douane, il sort à bas bruit par celles des banques pour chercher emploi à l'étranger, peut-être même pour y payer notre surcroît d'exportations. Le plus clair de la chose, c'est que, balance faite, notre consommation est moindre de 500 millions, marque de détresse, non de prospérité.

Dans le premier cas, le numéraire vient à nous et nous consommons un demi-milliard de plus. Dans le second, le numéraire s'éloigne de nous, et nous consommons un demi-milliard de moins. Différence totale à notre détriment : un milliard !

1868

Le chassé-croisé des échanges à travers une demi-douzaine de pays ne permet pas de démêler l'écheveau des profits et des pertes dans ce ricochet d'opérations. Cela d'ailleurs n'est pas nécessaire. Laissant de côté cet imbroglio de détails obscurs, on peut raisonner en thèse générale et supposer, sans crainte d'erreur, la réciprocité des avantages. Ce résultat est le propre de l'échange.

L'absence et l'excès de civilisation offriront sans doute ce point de ressemblance : peu de commerce extérieur.

Une peuplade demi-sauvage n'a pas de besoins et se suffit à elle-même avec peu de chose. Une nation ultra-civilisée ne doit tirer du dehors que des matières premières et les comestibles dont la production est interdite à son climat. S'emporter à une débauche d'industrie qui la mettrait, pour ses vivres, à la merci de l'étranger, serait une faute peut-être mortelle. Prendre chez le voisin ce qu'on pourrait fabriquer soi-même est un stigmate d'infériorité.

L'histoire atteste que la puissance fondée sur l'usine et le comptoir est une puissance éphémère. Athènes, Tyr, Carthage, la Hanse, Venise, Gênes, Pise, la Hollande, disent la brièveté de cette splendeur. L'agriculture seule est une base solide et durable. On ne garde jamais indéfiniment la suprématie dans l'industrie et le commerce. Des rivaux surgissent, parfois des vainqueurs. C'est le signal d'une chute, presque toujours irréparable.

En général, toute importation dénote une incapacité, toute exportation un malaise. Dans le premier cas, il y a des consommateurs qui ne savent pas produire; dans le second, il y a des producteurs qui ne peuvent consommer.

A preuve 1848 et 1849. Ces deux années ont été remarquables par l'énorme excédent de nos exportations. L'affaissement de la consommation arrêtait à la fois les arrivages de l'extérieur et forçait de chercher à tout prix au dehors les débouchés qui n'existaient plus au dedans. Par haine et par peur, l'argent s'était retiré en masse, laissant le travail à sec.

« Oui » ! va-t-on dire, en saisissant la balle au bond, « et vous voulez reco…mencer cette belle « aventure. »

Ceci est une question à vider ailleurs et autre- me… … brutal.

L'omnipotence et la méchanceté ne font pas le droit. Le capital est plus maître du pays en 1870 qu'en 1848, cela est incontestable, et il le sera plus encore demain qu'aujourd'hui. Il marche à pas de géant vers l'autocratie absolue. Tant pis pour lui ! Ces progrès menaçants constituent un péril public, mais non pas une légitimité. On nous crie : « Il faut se soumettre ! » Les travailleurs répondent : « Il faut aviser! » Je crois qu'on avisera.

1870.

III

LE NUMÉRAIRE

L'OR ET L'ARGENT. — LEUR RÔLE

Sophismes et rabâchages puérils de l'économie politique sur les métaux précieux.

Les économistes font des volumes pour démontrer que l'or et l'argent ne sont pas une richesse. Ils ont sur ce sujet des trésors inépuisables d'arguties. C'est pour le coup qu'ils enfoncent une porte ouverte.

Ces niaiseries se réfutent par la seule définition des deux métaux : marchandise précieuse en elle-même par ses divers usages, inaltérable, d'une conservation indéfinie sous un petit volume, rare et d'une production limitée à des quantités connues ; agent universel de l'échange, en vertu de cet ensemble de propriétés. Si elles varient, la valeur du métal suit ces variations.

Supposez l'or et l'argent privés de leur utilité

propre dans les arts et l'industrie, tout en con-
servant leurs autres qualités, ce qui du reste
serait fort difficile, leur royauté de l'échange
serait singulièrement compromise. Jusqu'où ? nul
ne peut le dire.

La perte de l'inaltérabilité serait le signal de
leur déchéance immédiate. Même chute, plus
prompte encore, comme souverains de l'échange,
s'ils devenaient aussi communs qu'ils sont rares,
alors même que leur utilité industrielle aurait
centuplé.

En un mot, c'est une marchandise qui suit la
condition de toute marchandise. Sa valeur s'accroît par la rareté, diminue par l'abondance. Sa
fonction spéciale dans l'échange ne modifie en
rien cette loi qui reste absolue. Il est clair que la
réaction est réciproque, et que l'abondance ou la
rareté des autres marchandises accroît ou diminue
le prix des métaux précieux, à moins d'oscillations
identiques et simultanées dans leur production.

Il est encore plus clair que, s'il n'y a rien à
échanger, l'étalon de l'échange devient inutile et
tombe à zéro. Il ne conserve plus alors que sa
valeur industrielle, fort peu de chose assurément,
sinon rien, dans l'hypothèse admise qu'il n'existe
plus aucun produit. Les avares, mourant de faim
sur un monceau d'or, sont des amplifications de
rhétorique. La valeur des métaux précieux est
en raison directe de la masse des objets échan-

geables. Ces conditions posées, ils sont rois, comme arbitres de l'échange qui domine la vie sociale.

La puissance écrasante de l'or et de l'argent, comme numéraire, a si bien rejeté dans l'ombre leurs autres mérites qu'on a fini par les méconnaître et les nier d'une manière absolue. La mauvaise humeur aidant, on va jusqu'à leur refuser toute utilité en dehors de la fonction d'échange. On a tort. Si, par impossible, l'or et l'argent devenaient aussi communs que les pierres, ils entraîneraient d'un coup deux révolutions : la chute du numéraire d'abord, puis l'invasion de matières si incomparablement utiles que l'économie publique en serait bouleversée.

Il faut être aveugle, d'ailleurs, pour ne pas voir leur importance actuelle dans l'industrie. L'or fait tous les frais de la bijouterie qui est la passion d'une moitié et demie du genre humain. L'argent ouvré est la seule manifestation raisonnable du luxe qui ne pèche guère par la recherche de l'utile.

Il est donc permis de supposer que, sans leur valeur propre, les deux métaux, en dépit de leur royale conformation, ne seraient pas montés sur le trône de l'échange et n'auraient pas fondé la dynastie de sa majesté l'Empereur-Écu.

Mars 1870.

VARIATION DANS LE PRIX DES MÉTAUX PRÉCIEUX

Variation dans la valeur des métaux précieux. — Leur très haut prix jusqu'à la découverte des deux Amériques. — Première invasion de l'or et de l'argent américains, au seizième siècle. — Révolution dans l'échange. — Augmentation du prix de toutes les denrées.

Après les violentes oscillations du début, le niveau se reforme peu à peu.

Seconde invasion, à dater de 1848, par la découverte des mines de Californie et d'Australie.

Pertes et gains, conséquences de cette irruption. — Le numéraire semble immobile dans sa valeur. Les variations portent sur les denrées. On dit qu'elles haussent, tandis que c'est le métal qui baisse.

L'ignorance et l'habitude sont la cause de cette erreur. L'or et l'argent, mesure des valeurs respectives, demeurent, dans la pensée publique, l'étalon invariable, et conservent leur prestige de fixité, d'immuabilité. Hommage à l'Empereur-Écu, même dans sa décadence et ses humiliations. Plus ou moins invisible, il reste toujours le monarque asiatique absolu.

Deux classes souffrent de la dépréciation du numéraire, deux classes placées aux deux pôles opposés, les rentiers et les travailleurs. La rente reste servie à l'ancien taux. Elle perd donc la différence survenue. Le salaire la perd également. Le peuple ne devine pas la réalité. Il accuse l'enchérissement des marchandises.

Les premiers à profiter de la révolution sont les propriétaires. Les vivres étant par excellence la denrée de première nécessité, il est impossible de s'en passer un seul jour. Le *producteur* la tient à haut prix et ne la cède que contre la nouvelle valeur de la monnaie. Le propriétaire de maisons suit l'exemple. On ne peut pas coucher dehors. Il faut subir sa loi.

Quand nous disons le *producteur*, il faut s'entendre. Le propriétaire terrien ne produit pas, puisqu'il ne cultive pas. Il a des fermiers, des métayers. Il augmente le prix du fermage, et empoche ainsi le bénéfice de l'enchérissement.

Les autres objets haussent également, mais moins vite, et toujours en raison de leur nécessité. On ne peut différer son dîner. On ajourne l'achat d'un vêtement. De là, souffrance comparative dans le trafic industriel. Le commerce agricole au contraire a tout l'avantage. C'est en effet ce qui se voit depuis 1848.

Le blé et les céréales en général n'ont que faiblement participé à la hausse des subsistances.

Tandis que la viande, le poisson, les légumes, les fruits ont plus que doublé de valeur, le renchérissement des céréales est presque insensible. Le prix du pain est à peu près le même qu'avant l'invasion de l'or nouveau. La différence ne dépasse pas un cinquième.

Ce phénomène paraît d'abord inexplicable, car les céréales forment la majeure partie de la production agricole. Pourquoi ne suivent-elles pas le mouvement universel de hausse des denrées alimentaires ? La propriété terrienne est maîtresse des prix. Comment ne fait-elle pas pour le blé ce qu'elle fait pour les fruits, les viandes, les légumes ?

On ne trouve guère d'autre raison que l'impossibilité. Le pain est le principal aliment des masses. Le reste ne forme qu'un accessoire. On a doublé et triplé le prix des accessoires sans trop d'obstacles. Mais comment doubler celui de la nourriture fondamentale ? Le salaire, n'ayant haussé que d'un cinquième ou d'un quart au maximum, serait impuissant à payer double l'alimentation du peuple.

C'est donc une question de vie ou de mort. Il n'est pas aisé de condamner à mort la population des travailleurs. Elle est la base de l'État. Cette nécessité se fait jour comme toute autre, et tient en échec les prétentions de la propriété. On se contente de réduire l'ouvrier à la portion congrue.

Mais le renchérissement des céréales aura son tour. La lutte acharnée des grèves pour l'augmentation des salaires aura pour contre-coup certain la hausse progressive du blé. Dès l'instant que la masse trouvera quelques sous de plus pour payer, la propriété oisive les ramassera. C'est elle qui aura gagné la bataille des grèves. Le prix de la victoire passera dans ses poches.

Avril 1870.

FRAI DE LA MONNAIE

La perte annuelle de la monnaie par le frai, sur le globe, est d'un million et un tiers. La perte totale, tant par le frai que par causes quelconques, est de 80 millions, la centième partie de ce qui existe, 8 milliards.

1870.

SA MAJESTÉ L'EMPEREUR-ÉCU

La nécessité d'un instrument d'échange a intronisé les métaux précieux. Jusqu'où va leur autocratie, qui l'ignore aujourd'hui ? Sa majesté l'Empereur-Écu n'a point de rival parmi les plus absolus monarques de la terre. Charlemagne, Haroun-al-Raschid, Tamerlan, Aureng-Zeb ne lui vont pas à la cheville.

Mars 1870.

PUISSANCE DU NUMÉRAIRE

Le procès de Tours met la ville sens dessus dessous. La manne arrive avec le flot de curieux.

Se peut-il une preuve plus éclatante de l'omnipotence des écus ? « Le travail », dit-on, « le travail est tout ». Sans doute il fait tout. Mais après ?

Le travail ne fabrique que des produits. Dans l'ordre actuel, que sont les produits sans l'échange ? Un fardeau, la ruine souvent. Vienne l'échange dans la personne du métal, son maître, la vie ruisselle et déborde. Les produits se précipitent à sa rencontre pour tomber à ses genoux et solliciter ses faveurs.

De l'or ! Voilà de l'or ! Tout prend feu, tout s'embrase. Quel n'est pas le crime de l'égoïste qui, recevant cette majesté puissante en retour de son produit, la refuse aux autres pour en faire une poule aux œufs d'or, prisonnière de sa basse-cour !

Mars 1870.

IV

L'ÉQUIVALENCE, LOI DE L'ÉCHANGE

.... Le numéraire vient d'être détourné par les vampires de sa destination. Il devait être un lien de solidarité, il se change en lourde chaîne. Comment? Par une simple entorse de son principe.

Quel est ce principe? L'échange au pair entre deux valeurs égales. Le seul mot *échange* implique cette condition d'équivalence. Lorsqu'on troque deux objets, c'est qu'ils se valent.

Mais la comparaison des objets est souvent difficile, presque impossible. De plus, le besoin du troc n'est pas contemporain chez les opérants. Le numéraire offre la solution de ces deux difficultés.

L'échange se dédouble. On vend d'abord, on achète ensuite. La condition immuable, c'est l'équivalence des objets échangés. Le numéraire, reçu d'une main, en prix d'une marchandise vendue, doit être restitué de l'autre à la circulation, en prix d'une marchandise achetée, de même valeur, quel que soit l'intervalle écoulé entre les deux opérations.

A coup sûr, cette égalité n'existe pas toujours. Elle existe même rarement. Mais elle est de principe. Acheteur ou vendeur, on peut se tromper. La question n'est pas là. Ces différences, quelles qu'elles soient, laissent toujours au numéraire sa fonction intacte, mesure de la valeur, instrument neutre de l'échange. On avait reçu la monnaie en retour d'un objet qui la valait, on la restitue en échange d'un autre objet qui la vaut. La condition d'équivalence est maintenue.

Que si le numéraire, intercepté au passage par le vendeur d'un produit, ne rentre dans la circulation qu'à titre onéreux, en écornant, sous un prétexte quelconque, la valeur de l'objet reçu, s'il prétend valoir plus contre l'objet acheté qu'il ne valait contre l'objet vendu, il cesse d'être moyen d'échange, pour devenir instrument de rapine.

Se faire restituer l'écu au bout d'un an, avec une dîme, une prime, un droit d'aubaine, un intérêt, peu importe l'appellation, c'est recevoir cette dîme en surplus de ce qu'on a payé soi-même, c'est exploiter l'instrument d'échange, détruire sa fonction fraternelle, changer la fée en harpie.

La substitution du prêt à la vente, qu'il s'agisse de numéraire ou de marchandise, est un attentat à la loi sociale, fondée par la division du travail et l'emploi de la monnaie.

Août 1867.

V

QUESTION DU CRÉDIT

Ces questions économiques sont fort ardues, obscures et embrouillées, d'un accès difficile aux meilleures intelligences, impénétrables pour la généralité des hommes..

Les ouvriers s'aperçoivent vaguement qu'ils sont exploités. Comment? C'est ce qu'ils ne savent guère et seraient fort empêchés de dire. Ils comprennent leur situation par le côté matériel et moral, nullement par le côté scientifique. Ils sentent le joug à sa pesanteur, l'oppression à ses duretés. En découvrir le mécanisme, ils ne le peuvent. Ils ont un maître et c'est tout.

Il y a d'ailleurs en ces matières un tel enchevêtrement, de telles complications que l'écheveau en devient inextricable. Banque, crédit, papier, espèces, offre et demande, etc., c'est un imbroglio si bizarre de combinaisons et de phénomènes, que les économistes eux-mêmes, ces pontifes de la prétendue science, se chamaillent

II. — 2

à perte d'haleine sur toutes les questions, sans en résoudre une seule.

Le libre échange, le crédit, les banques demeurent autant de sujets de controverse, sans cesse rebattus, jamais vidés. Sur le mot valeur seulement on a pondu des volumes, tous inféconds, restés stériles. Point de conclusion admise.

Octobre 1869.

La question du crédit reste un livre fermé pour l'économie politique, un mystère, une énigme, un hiéroglyphe indéchiffrable. Pourquoi ? Parce qu'elle met de côté, comme une métaphysique oiseuse, la question de répartition. Son affaire n'est pas de juger, mais de disséquer et de décrire.

Elle constate très bien d'abord les avantages du crédit, bientôt après, ses désastres, et demeure interloquée, la bouche béante, devant cette contradiction, antinomie inexplicable.

Après des volumes et des controverses sans fin sur ce chapitre mystérieux, elle conclut par son aphorisme flegmatique, que les meilleures choses ont leur inconvénient. Elle n'a garde de voir ce qui crève les yeux, que le crédit active la production, sans pouvoir activer au même degré la consommation, par suite du prélèvement capitaliste qui ne permet pas aux travailleurs de racheter l'équivalent de leur produit.

De là nécessairement pléthore croissante, et, comme conséquence, une crise générale tous les cinq ou six ans. La production s'arrête, faute de débouchés, jusqu'au dégorgement du stock encombré, puis, le trop-plein écoulé, reprend avec une furie aveugle et recommence toutes les folies du crédit, pour arriver bientôt à une aventure nouvelle, toujours la même.

A défaut de consommation locale, l'industrie alors s'en va courir le monde, à la poursuite de l'échange que lui refuse nécessairement la détresse du travailleur.

On sait l'absence totale de scrupules, l'immoralité, la barbarie que déploie le commerce européen dans cette chasse furieuse aux débouchés. Toutes les régions du globe ont souffert et souffrent de la cupidité féroce de ces étrangers qui ne reculent devant aucune turpitude, devant aucun forfait pour assouvir leur soif de gain.

Lorsqu'il a ainsi organisé la misère et la mort dans son propre pays, le capitaliste court porter aux plages les plus lointaines l'escroquerie, le vol, le brigandage, l'assassinat. Après la traite des noirs, la traite des jaunes. Il a fait de la race blanche un légitime objet d'exécration pour les quatre cinquièmes de l'espèce humaine.

Mars 1870.

VI

PAPIER-MONNAIE

Monnaie de papier. — Ses formes diverses : billets de banque, billets à ordre, lettres de change, chèques, warrants, etc.

Premier défaut : très destructibles par l'eau, le feu, l'usure, la facilité du vol, de l'égarement, etc.

Valeurs dites fiduciaires, ou de confiance, c'est-à-dire zéro par elles-mêmes, simples chiffons de papier; donc valeurs éminemment précaires, toujours près de réaliser la vieille légende de l'or du diable, transformé en feuilles mortes au fond de sa bourse.

Toute valeur-papier est simplement une promesse de payer la même somme en numéraire. Elle a pour but et pour résultat de suppléer à ce numéraire et de multiplier ainsi l'échange.

Cette valeur-papier repose donc sur l'existence présumée, soit des espèces qu'elle représente directement, soit de marchandises ayant une valeur vénale, réalisable en argent.

De là leur danger. Le plus sûr des papiers, le billet de banque, n'existe que par la grâce des métaux enfermés dans les caves de l'établissement. Que ce métal disparaisse par une cause quelconque, le billet s'évanouit.

De plus, la quantité du métal-garant n'égale jamais celle des billets. Si, par suite d'une panique, tous les billets viennent ensemble à paiement, c'est la banqueroute ou le cours forcé qui ne vaut guère mieux... *trafique russe*

Aux États-Unis, la liberté des banques d'émission, avec de faibles dépôts métalliques, produit d'innombrables banqueroutes. Ces aventures paraissent indifférentes aux Américains. Elles causeraient plus d'émotion en France.

Les warrants représentent des marchandises en magasin et circulent comme monnaie. Un incendie peut anéantir le billet en détruisant son gage.

Les billets à ordre, les lettres de change, valeurs chanceuses, sources de gains ou de pertes également aléatoires.

Toutes les valeurs-papiers ayant pour but de suppléer le numéraire, d'activer l'échange et la production, forment les instruments du crédit.

On a fait des volumes sur le crédit sans aboutir. Il reste une énigme, un mythe, matière éternelle à controverses. Les uns le portent aux nues, les autres le mettent plus bas que terre. Qui voudrait le multiplier sans fin, qui le supprimer. On le dit tour à tour un bienfait et un fléau.

Bienfait et fléau en effet, selon le point de vue. Il active la production, le travail... bienfait. Il l'active par un moyen fictif... fléau. Car le résultat de cet expédient est que la consommation ne progresse pas comme la production.

Pourquoi ces deux progrès ne sont-ils pas parallèles, corrélatifs ? Toujours par la même raison, la dîme du capital. Ici elle est double : dîme de l'escompteur sur l'industriel, dîme de l'industriel sur l'ouvrier. La part du travailleur étant encore rognée, il peut moins que jamais consommer l'équivalent de son produit.

De là pléthore, accumulation de produits qui restent sans débouchés, crise, désolation générale.

Qu'est-ce à dire et de quoi se plaint-on ? De ce que la mariée est trop belle ? N'avez-vous pas ce bien tant souhaité, ce phénix créateur de toute activité, de toute richesse, le *travail accumulé*, par conséquent le capital ? En voilà maintenant de ce *travail accumulé* ! En voilà, sans les sacrifices, sans les privations de l'épargne ! Voilà des magasins qui regorgent, et vous pleurez !

Tout allait si bien, grâce au crédit ! Les

ateliers en branle ! métiers battants ! partout les ruches bourdonnantes du travail, la main-d'œuvre demandée et à haut prix...

Novembre 1869.

Les valeurs-papiers, sans exception, ne sont une valeur que comme représentant du numéraire, le coupon de chemin de fer aussi bien que le billet de banque. Leur crédit est strictement proportionnel à la certitude de la réalisation en espèces.

Le doute sur cette faculté de réalisation se traduit aussitôt par un discrédit proportionnel. En 1848, un phénomène bizarre a semblé démentir cette loi, mais le démenti n'était donné qu'en apparence. Un décret de l'Assemblée nationale suspendait les paiements-espèces à la Banque. Ce cours forcé des billets ne les avait nullement dépréciés, loin de là. Ils fesaient prime sur l'or. C'est qu'en même temps, aucune émission ne pouvait avoir lieu que par décret spécial, et qu'un tableau comparatif devait mettre chaque semaine sous les yeux de tous le chiffre de l'encaisse métallique et celui des billets en circulation. Or, chose inouïe ! il y avait plus de métal dans les caves de la Banque que de papier dans les mains du public.

La suspension des paiements-espèces conservait intact le gage commun et la rareté des émissions assurait aux billets si fortement garantis une plus-value naturelle. Le papier est moins encombrant que le métal.

Sans ces précautions, chacun aurait craint de trouver au fond de sa bourse, un beau matin, des feuilles en place d'écus. Pour jouer ce tour, le diable n'est pas si malin que le papier-monnaie.

Lettres de change, billets à ordre, warrants, chèques, actions industrielles, toutes les variétés possibles de valeurs fiduciaires risquent à chaque instant cette métamorphose.

Pour mettre à l'abri de tout danger les valeurs-papiers, il faut une sécurité sociale, une situation de lumière et de confiance inconnue jusqu'à présent, et, si le progrès était capable d'amener cet état de choses, n'aurait-il pas mieux à trouver que la Banque d'échange et la mutualité du crédit qui laisse subsister l'antagonisme et l'isolement?

Décembre 1869

Le despotisme de l'écu a provoqué la révolte. Le papier-monnaie a essayé de la concurrence et dressé autel contre autel, avec l'espoir d'aller jusqu'à la supplantation.

Vaine tentative! Il n'a jamais été qu'un humble supplément, une ombre, un domestique.

Le warrant, nouvel essai, n'est pour la marchandise qu'une attestation d'existence, rien de plus. Il peut, en épargnant du temps, faciliter l'échange. Il n'en est jamais l'instrument, l'intermédiaire. Dès que l'écu se refuse, le warrant tombe en paralysie et reste un témoin inerte.

Mars 1870.

VII

L'ABONDANCE DU STOCK

Ce n'est pas cela qu'on appelle de tous ses vœux, c'est précisément le contraire. On veut des stocks vides pour les remplir. Et après ? Il faut vider d'abord pour remplir ensuite. Or, comment vider sinon par la consommation, c'est-à-dire par l'échange ? Et, si l'on entrave l'échange et la consommation, le stock ne s'écoule pas.

On barbotte inutilement dans cette contradiction.

Chacun souhaite la rareté et le besoin de son produit pour le placer au plus haut prix et désire en même temps l'abondance de la denrée qu'il n'a pas et qui lui est nécessaire, afin de l'obtenir au taux le plus bas de l'échange.

Et ce que l'on souhaite par-dessus tout, c'est

la possession privilégiée de l'instrument d'é-
change, des métaux précieux qui ne s'altèrent
jamais et qui sont toujours demandés. On l'acca-
pare par tous les moyens, pour le vendre avec
des primes écrasantes.

Novembre 1869.

VIII

LA DETTE

La dette, fardeau imposé à l'avenir par l'avidité, les extravagances, les mauvaises passions du présent. Remboursement intégral tous les vingt ans, laissant subsister la dette entière et chargeant les générations qui se succèdent du poids accumulé des dépenses du passé. Deux castes créées par ce système, l'une oisive et l'autre écrasée de travail, et qui se transmettent de génération en génération, l'une le bénéfice de la créance, l'autre le fardeau de la dette.

Impudente comédie de l'amortissement qui amortit 20 millions d'une part, tandis qu'on emprunte 200 millions de l'autre.

Abus inévitable de ce système des emprunts qui dévore et gaspille d'immenses capitaux, laissant la charge éternelle du remboursement indéfini aux générations futures.

Un gouvernement doit être enfermé dans les limites de l'impôt annuel. Il ne faut pas lui laisser le prétexte des travaux reproductifs qui ouvre la porte à toutes les extravagances du gaspillage, à toutes les turpitudes de la malversation. L'impôt de l'année doit suffire aux dépenses de l'année, quelles qu'elles soient, et la défense de grever l'avenir par des emprunts quelconques doit être absolue.

Février 1869.

IX

L'IMPOT PROGRESSIF

... L'impôt progressif est une mesure de tran-
sition. Ses adversaires l'accusent de détruire
l'unique source de l'activité humaine, l'espoir et
la possibilité d'acquérir. D'acquérir quoi ? Le
moyen d'exploiter autrui.

Le but de toute activité est le bonheur. Mais
qu'est-ce que le bonheur? Chacun en donne sa
définition, et la liste serait longue. C'est, dit-on
volontiers, la satisfaction des besoins. Encore un
mot vague, celui-là. Quels besoins? Ici le champ
s'ouvre à perte de vue. Il y a besoin physique et
besoin moral. Au physique, la chose désirable
par excellence, c'est la santé pour soi et les
siens. Elle n'est pas possible sans le bien-être
matériel. Ce bien-être, en somme, ne dépend que
de conditions modérées.

Il n'est pas indispensable, il n'est même pas

utile d'être empereur pour se bien porter et avoir de beaux et vigoureux enfants.

L'opulence et le pouvoir ne sont donc pas des objets de première nécessité, ce qui ne les empêche pas d'être, la richesse surtout, le but de toutes les aspirations, le mobile de presque tous les actes.

Pourquoi? Parce que la servitude et la misère épouvantent. La société se compose de riches et de pauvres, de puissants et de faibles, d'exploiteurs et d'exploités. Il faut choisir entre ces deux catégories. Qui pourrait hésiter? Les supprimer toutes deux, c'est le véritable progrès à poursuivre.

L'inégalité a pour cause le vampirisme, vice de cerveau, non de caste. La race des vampires est créée par la nature aidée de l'ordre social. Les tuer? Barbarie impuissante! Ils renaîtraient le lendemain, le jour même. L'ouvrier ultra-révolutionnaire se montre souvent, une fois parvenu, le plus dur des patrons, le plus féroce des conservateurs. Ce n'est pas aux prolétaires qu'il faut l'apprendre. Ils ne connaissent que trop ce phénomène.

Les acquéreurs de biens nationaux, jacobins jusqu'en 1830, par terreur de la restitution, sont devenus, depuis leur sécurité, des suppôts de sacristie et de police. Acceptés enfin par ceux qui possèdent, ils se sont retournés en vrais

bouledogues contre ceux qui ne possèdent pas.
Eux ou leurs héritiers sont les plus fermes
piliers de la réaction. Hélas! on ne monte que
pour tirer l'échelle après soi.

Le mal est dans le vampirisme, le remède dans
son extirpation. Si, du moins, tous les hommes
étaient vampires! Ne pouvant s'entre-dévorer,
ils se tiendraient mutuellement en échec. Mais
cette engeance n'est que le petit nombre, et la
majorité lui sert de pâture. Ce n'est pas gai.

La question sera de mettre d'abord les masses
à l'abri de ces dévorants. Ils s'éteindront ensuite
peu à peu par suite de la transformation céré-
brale qui dépend à un si haut degré du milieu
social.

En somme, on désire et on pourchasse la
fortune par crainte de l'indigence et par vanité,
c'est-à-dire pour satisfaire un besoin physique et
un besoin moral. L'opulence n'est pas nécessaire, elle est le plus souvent funeste à la santé,
premier élément du bien-être. La certitude pour
soi et pour les siens d'une vie sans privations
suffit à l'homme.

Quand la richesse ne sera plus l'unique moyen
d'échapper à la pauvreté, lorsque en même temps
elle aura cessé d'être la grande satisfaction
d'amour-propre, les activités humaines viseront
d'autres buts, par exemple le savoir et la consi-
dération qui s'y attache. Les arts, la littérature,

les sciences, deviendront le point de mire des ambitions. Dès qu'elles ne confèrent plus le privilège des écus et du pouvoir, ces distinctions ne sont ni un danger ni une menace.

Mais le vampirisme, cette peste homicide, peu connue sur les hauteurs intellectuelles, si virulente au contraire dans les bas-fonds de l'industrie, de la finance et du commerce, comment la circonscrire d'abord, puis l'atrophier et l'éteindre? Par la suppression de la misère et de l'ignorance.

C'est bientôt dit, moins vite fait. Par où commencer? De ces deux harpies, qui est la mère? Qui est la fille? L'étude du passé, l'observation semblent conclure pour la maternité de l'ignorance. Conclusion dangereuse toutefois, qui fournirait des prétextes à l'ajournement des questions sociales, comme elle en a fourni longtemps pour renvoyer aux calendes grecques l'émancipation des noirs. L'attaque doit s'ouvrir et se poursuivre simultanément contre ces deux bastions de l'iniquité.

1867.

X

PROPRIÉTÉ INTELLECTUELLE

Nul ne peut gagner une fortune par son seul travail. Il serait aussi aisé d'empocher les étoiles. Dans l'ordre actuel, il faut cependant excepter de cette règle : 1° l'avocat — 2° le médecin — 3° le peintre — 4° l'acteur — 5° le compositeur de musique — 6° l'écrivain — 7° l'inventeur.

Ceux-là peuvent trouver l'opulence dans leur labeur personnel, sans exploiter autrui. Encore doit-on faire des réserves pour les trois premières catégories et la moitié de la quatrième. Les richesses sans doute y sont acquises par le talent. Mais elles proviennent de clients enrichis eux-mêmes par l'exploitation. La source est donc empoisonnée, et, par contre-coup, le gain presque illégitime. Les gosiers des chanteurs notamment sont un des plus grands scandales du luxe.

Les artistes des théâtres ordinaires remplissent une mission. Ils servent au délassement et à l'instruction du public. Donc œuvre utile et rétribution méritée. Le compositeur de musique puise encore, pour une forte part, dans le milieu opulent. Néanmoins, le service qu'il rend a un caractère d'universalité qui justifie la récompense.

Seuls, l'écrivain, le savant, l'inventeur, doivent leur gain au travail personnel, sans la plus légère souillure d'exploitation. On objecte en vain que, fils du siècle, ils empruntent les éléments de leur puissance au fonds commun du passé. Cette vérité ne diminue en rien leur droit. Le fonds commun est ouvert à tout le monde: Or, les uns n'y puisent que des platitudes, les autres des chefs-d'œuvre. D'un même sol, deux plantes tirent ce qui donne la vie ou ce qui donne la mort.

Sans doute encore, l'écrivain ne peut communiquer sa pensée qu'à l'aide de l'imprimerie. Aussi ne rançonne-t-il point son humble auxiliaire, trop souvent, hélas! suzeraine arrogante. Cette collaboration a sa part fixe qui absorbe presque tout le prix de l'ouvrage ; et cependant quel maigre rôle que le sien ! Presque toujours détruire une valeur, en salissant du papier qui aboutit au cornet ou à la hotte !

L'écrivain fait seul le succès d'un livre et le gain de son associé matériel. Il ne s'adresse point aux classes oisives seulement. Il distribue aux travailleurs, pour une obole, la lumière, la pensée, la délivrance. L'inventeur aussi produit de son propre fonds, presque sans le concours de la matière. L'idée une fois émise, l'application est sans limite. Elle transforme l'industrie et le monde.

La propriété des inventeurs et des écrivains a donc ce privilège unique d'être exclusivement le fruit du travail personnel. Aussi n'est-ce point une propriété. On dépouille l'écrivain en faveur du public et surtout des libraires. La spoliation de l'inventeur ne profite qu'au capital, sans une parcelle pour l'ouvrier. Des fortunes colossales s'édifient sur une découverte de l'homme de génie qui meurt à l'hôpital.

Ces procédés sont le résultat logique de notre constitution sociale. La propriété y est essentiellement le fruit du travail d'autrui, et dès lors incompatible avec la propriété d'origine contraire. On s'est morfondu à résoudre le problème d'une conciliation. Autant valait-il chercher la quadrature du cercle.

C'est l'honneur de la propriété intellectuelle d'être restée réfractaire à ces efforts suspects, et de n'avoir pu entrer par aucun bout dans le moule de la ruse et de la violence. C'est sa gloire d'avoir démontré qu'étant elle-même impossible, elle la seule fondée sur le droit, toute autre ne saurait être qu'une usurpation, une iniquité et une barbarie. Elle a ainsi donné la clef de l'avenir.

Jusqu'ici la force a été reine, la pensée esclave. Mais peu à peu les rôles s'intervertissent. La pensée est encore servante, et déjà pourtant son droit se fait jour, et se révèle en complète hostilité avec celui de la force. Il faudra bien que la société née de la violence plie, bon gré mal gré, sous les lois de la reine légitime. Tout en fesant, selon son habitude, la guerre du couteau, elle cherche avec anxiété les voies d'une transaction. Mais tout pacte est impossible.

L'impuissance de formuler une loi sur la propriété intellectuelle prouve qu'intelligence et propriété individuelle sont deux antagonismes irréconciliables. La force, sous tous ses aspects, est l'affirmation brutale de cette propriété. La pensée, dans toutes ses manifestations, en est l'inflexible démenti. La force sera écrasée, ses œuvres seront mises à néant.

Les apôtres de l'idée n'ont jamais eu pour lot que la servitude et la misère. Cette destinée ne s'adoucit pas. Plus un homme s'approche de la pensée pure, plus l'arrêt qui le frappe est sans pitié. Ils périssent par centaines, par milliers, ceux que les lois de la force balaient du monde matériel.

Qu'on examine de près le talent qui a su faire fortune. On trouvera sur le caractère une tache, une tare, la piqûre du ver dans un beau fruit. Ce n'est plus l'être sublime planant dans les régions

II. — 3*

de la lumière, sans souvenir ni souci de sa chaîne terrestre.

L'homme de génie représente à la fois la plus grande force et la plus grande faiblesse de l'humanité, la pensée sans bornes, l'incapacité de pourvoir à sa propre vie. Il est plus qu'un homme et moins qu'un enfant. S'il ne trouve l'aile d'une mère, il meurt. A ce titre, il est l'idéal de la fraternité et de l'avenir. Il raconte aux nations que l'intérêt du faible et l'intérêt du génie se confondent, qu'on ne peut attenter à l'un sans attenter à l'autre, et qu'on aura touché la dernière limite de la perfectibilité, alors seulement que le droit du plus faible aura remplacé sur le trône le droit du plus fort.

1867.

XI

LA PROPRIÉTÉ TERRITORIALE

La propriété territoriale n'a que trois origines : la force, l'achat, le travail.

Aucune des trois ne peut constituer la légitimité de la possession, au delà de ce qui est cultivable par le propriétaire en personne.

1° La force se condamne par son nom même. C'est le conquérant, le prince, le brigand, peu importe, fesant travailler les autres par violence à son profit.

2° L'achat est l'acquisition par le capital. Ce capital lui-même est illégitime comme produit du travail d'autrui, et ne peut conférer un droit.

3° Le travail, seule origine honnête, ne donne droit qu'à la portion de terre cultivable par le possesseur. Tout ce qui ne produit que par le travail d'un autre est dérobé au travailleur.

Le droit de premier occupant se borne donc à la portion que l'occupant peut exploiter par lui-même. Le surplus n'est qu'une usurpation.

Novembre 1868.

XII

LA TERRE, INSTRUMENT DE TRAVAIL

La terre, question réservée dans l'histoire du capital et du travail. L'œuvre humaine est là peu de chose. C'est la nature qui fait presque tout, 99 pour cent au moins. Le vivant travail de la nature ne ressemble guère au nôtre.

L'homme, dans son orgueil, rapporte tout à lui et ne voit partout que d'humbles agents de sa personnalité.

Il qualifie la terre *instrument de travail !* N'est-ce pas bien modeste ?

Qu'est-ce que le rôle de l'homme dans la productivité du sol ? Un infiniment petit et un infiniment grossier. Quand il a labouré, fumé, semé, il se croise les bras et attend l'œuvre mystérieuse sans la comprendre.

La terre ou plutôt la nature travaille pour lui; l'eau, le soleil, l'atmosphère se mettent de la partie et donnent leur concours gratuit dans cet ensemble merveilleux.

Voilà pourquoi l'appropriation du sol, sous prétexte de travail, est une si prodigieuse effronterie.

Mars 1870.

XIII

LA CIRCULATION

Les routes sont au développement matériel ce que l'imprimerie est au développement intellectuel. Des milliers d'idées fécondes peuvent et ont dû s'éteindre dans l'isolement, et ce n'est pas telle ou telle idée qui changera le monde, mais bien la facilité de communiquer les idées. Dans l'ordre matériel, ce n'est ni un perfectionnement agricole, ni une invention industrielle qui pourront transformer un pays, mais seulement le moyen de transporter les produits de ce perfectionnement ou de cette invention. Dans l'ordre intellectuel, comme dans l'ordre matériel, production et consommation sont dans la dépendance absolue de la circulation. Tout par elle, rien sans elle.

1859.

XIV

ROLE DU CAPITAL

Capital employé à la fondation d'une usine. — Analyse des frais d'établissement. — Le terrain. — Les bâtiments à élever. — Prix des matériaux. — Transport. — Salaires des architectes, des maçons, etc. Simple échange à opérer que tout cela. Point de *travail accumulé* ou de travail antérieur. Certes, un travail a été nécessaire pour créer les produits qui seront consommés par la construction de l'usine. La plus grande partie consiste en vivres, vêtements pour les travailleurs qui fouillent les carrières, transportent les matériaux, bâtissent l'édifice, etc. Ces vivres et ces vêtements ne forment nulle part accumulation. Ils appartiennent à l'innombrable série des denrées avides de l'échange et toujours en quête de consommation.

Les bâtiments achevés, la fabrique entre en jeu. Les matières premières destinées à son alimentation, les machines, etc., sont encore des marchandises disponibles qui attendent dans le stock et sollicitent l'écoulement. Elles se disputent toutes le précieux métal, instrument de l'échange. C'est lui qui se fait désirer, jamais, ou bien rarement, elles.

Décembre 1869.

XV

LA GUERRE DU CAPITAL A LA RÉVOLUTION

Revue des Deux-Mondes du 1ᵉʳ avril 1866. —
Chronique politique par E. Forcade :

« ... Après 1851, on put substituer à l'an-
« cienne activité politique de la France l'activité
« industrielle et financière. On avait les anciennes
« compagnies de chemins de fer à restaurer, le
« réseau à continuer et à terminer, une immense
« partie du domaine public à mettre en valeur,
« tout cela au grand profit des capitaux, d'ailleurs
« *extraordinairement grossis par les épargnes*
« *prudemment accumulées durant les alarmes*
« *de la période républicaine.* »

Voilà donc un aveu définitif et clair ! Pendant
la période républicaine, le capital s'est retiré sur
le mont Aventin et a livré la France au chômage,
à la misère, à la famine. Le capital ne souffrait
pas. Il a accumulé les épargnes. Il levait sa
dîme comme à l'ordinaire sur le travail, il acca-

parait le fruit des sueurs populaires et le retirait
de la circulation. Cet excédent, ce revenu qu'il
prélève et qu'il ne restitue au courant qu'en
échange de nouvelles primes, il préférait le garder
improductif, diminuant ses propres gains pour
affamer les masses et les contraindre à capituler.
Faites donc des révolutions qui laissent le capital
aux mains de l'ennemi. Le cri du capital, c'est :
l'esclavage ou la mort !

Avril 1866.

Le *Figaro* du 8 septembre 1869, à propos de la
maladie de Bonaparte et de la cessation des
affaires, dit :

« L'argent est poltron. Il se cache à la moindre
« émotion. »

Le *National* du même jour, et sur le même
sujet :

« Le capital est comme un cheval ombrageux
« qui, à la moindre alerte, prend le mors aux
« dents et va se cacher le plus loin qu'il peut.
« Tâchons qu'il revienne vivifier les affaires
« mortes. »

Traduction en langue vulgaire : « Les riches,
« qui prélèvent une si large dîme sur le travail,
« s'empressent, à la première bouffée de colère
« ou de peur, de dérober leurs écus à la produc-

« tion. Ils cessent de placer et d'acheter et,
« maîtres du marché, souverains arbitres de la
« circulation, ils arrêtent toutes les affaires par
« le retrait de l'instrument d'échange. Voilà ce
« qui attend le peuple après une révolution. Le
« capital est roi et veut rester roi. Résignez-
« vous. »

La production s'adresse de préférence aux
riches, parce que là surtout elle trouve ce qui
lui faut, un débouché.

De là tant de clameurs contre les bouleversements politiques : « ils anéantissent les tran-
« sactions, déchaînent la misère. » Je crois
bien.

Les riches font deux parts de leur revenu,
l'épargne et la dépense; la dépense pour jouir
de la vie, l'épargne pour grossir leur capital, au
moyen de l'intérêt sous ses formes diverses,—
rente, fermage, loyer, dividendes, etc.

Le soir même d'une révolution, ils suspendent
placements et commandites, empilent leurs écus
dans des trous, restreignent leurs frais au strict
nécessaire et ruinent ainsi tout le commerce de
luxe, commerce funeste que leur opulence a créé,
qu'elle peut seule entretenir.

La suppression de la commandité enlève à
l'industrie son aliment principal et ferme les
ateliers. La réduction des achats au *minimum*
extrême engorge les magasins, arrête les

fabriques. Chômage et mévente partout. Le numéraire est mis sous clé, et à l'instant même l'activité sociale s'évanouit. Le peuple victorieux meurt de faim devant la porte de ses maîtres vaincus.

Septembre 1869.

XVI

L'ÉCONOMIE POLITIQUE SANS MORALE

Son indifférence morale lui ôte toute puissance de critique. La justice est le seul criterium vrai dans l'application des choses humaines. Elles ne sont que ténèbres pour le sceptique. Il y chemine à tâtons, constate isolément les objets par le toucher, mais ne distingue rien, n'aperçoit ni détails, ni ensemble. C'est un aveugle volontaire. Son scepticisme le frappe d'impuissance. On ne peut pas étudier une vitalité changeante et perfectible comme une matière inerte et immuable.

La justice est le ferment du corps social. N'en tenir compte équivaut à se fermer la perspective, à s'ôter la faculté de comprendre. On voit peut-être le présent, jamais l'avenir, pas même ses éléments.

Mars 1870.

XVII

FAUSSE MONNAIE GOUVERNEMENTALE

En France, Suisse, Belgique, Italie, dans les États du Pape, toutes les pièces d'argent au-dessous de cinq francs sont de la fausse monnaie. Elles sont au titre de 840 millièmes, au lieu de 900. On s'est permis, avec les pièces d'argent considérées comme appoint, les mêmes libertés qu'avec la monnaie de billon, dépourvue à peu près de valeur intrinsèque.

Détestable mesure dont les inconvénients ne tardent pas à éclater. Cette monnaie de titre inférieur, ne représentant qu'un appoint, doit être frappée en quantité limitée. Les cinq États d'Occident qui ont une monnaie commune ont fixé par une convention la quantité respective de ce mauvais argent, permise à chaque État et marquée de son effigie.

Le pape, infaillible et maître du monde, s'est délié, de par Jésus-Christ, de l'obligation contractée. On sait que le catholicisme, dans l'intérêt de Dieu, se croit tout permis, mensonge, parjure, vol, assassinat, incendie, etc. Il n'existe d'autre droit que sa volonté.

En vertu de cette théorie, le pape s'est mis à frapper indéfiniment de la monnaie d'appoint, sans tenir compte de la limite imposée par la convention, et il a inondé la France, l'Italie, la Suisse, la Belgique, de ses pièces de faux aloi.

Le public, trompé par le silence du gouvernement français qui ne se permet jamais de contrarier le pape, a accepté de confiance les pièces papales, et bientôt ses poches se sont remplies de fausse monnaie. On finit par s'en apercevoir. Panique générale. Personne ne veut plus de l'argent du pape, le gouvernement le premier. Le tour est fait.

Ces filouteries n'auraient pas eu lieu sans la convention internationale. Pourquoi frapper de la fausse monnaie, sous prétexte d'appoint? Pourquoi, surtout, se fier à la loyauté du pape, quand l'histoire n'est qu'un long récit des déloyautés et des parjures catholiques?

Mars 1870.

XVIII

LA MONNAIE DE PAPIER

La monnaie de papier n'a de valeur que par les espèces qui sont derrière, et dont elle est l'attestation, le gage.

Si jamais elle pouvait devenir, par sa propre vertu, instrument d'échange, elle serait, tout comme le numéraire, moyen d'exploitation et capital. Mais une telle hypothèse est à peu près chimérique. Elle implique, chez gouvernants et gouvernés, tant de bonne foi, de probité, de lumière, bref une telle perfection sociale, que cette perfection même exclut la possibilité du phénomène. Car elle produirait sans nul doute quelque chose de mieux. Quoi ? Je ne sais. On ne peut qu'entrevoir par conjecture. Mais certainement, si une société en venait à réunir les conditions de haute vertu que suppose le papier-monnaie substitué au numéraire avec une sécurité absolue, elle aurait depuis longtemps supprimé l'exploitation capitaliste, par conséquent la tyrannie de l'instrument d'échange, qu'il soit métal ou papier.

Janvier 1870.

XIX

L'ABONDANCE DES CAPITAUX

L'abondance même des capitaux, cet idéal de la félicité économique, est une source de misère. Tombés à bas prix, ils veulent se retirer sur la quantité. Pour compenser la baisse de l'intérêt, on soustrait à l'échange de plus fortes sommes ; l'accaparement du numéraire par l'épargne grossit et s'amoncelle. La diminution du salaire comble les vides de la rente. Le travail est mis à rançon pour couvrir la moins-value du capital.

L'Angleterre offre un exemple diabolique de ce mécanisme. Nulle part le capital n'est aussi abondant, à si bon marché. Le taux de la rente, ce grand thermomètre régulateur, n'est que de 3 pour cent. Dans aucun pays non plus la misère du travailleur n'apparaît aussi navrante. C'est là, dans ces flots de l'abondance capitaliste, qu'on rencontre par milliers des êtres humains gagnant 18 sous pour 18 heures de travail, et que l'on ramasse les femmes et les enfants morts de faim.

Septembre 1869.

XX

LES FORMES DE L'USURE

Les formes de l'usure sont innombrables. L'argent met le peuple entier à rançon. Voici, dans l'ordre de l'infamie, la désignation de quelques-unes de ces turpitudes : — 1° le prêt Gobseck, depuis 1.000 jusqu'à 8 ou 10 pour cent par an ; — 2° le prêt de 5 pour cent par jour, au coin des marchés ; — 3° le prêt à la petite semaine ; — 4° le prêt sur gage ; — 5° le prêt sur hypothèque ; — 6° les placements, par notaire, autres que sur hypothèque ; — 7° la commandite, actions et obligations ; — 8° la rente sur l'État ; — 9° les loyers et fermages, etc.

Mars 1870.

XXI

L'ORIGINE DES FORTUNES

Les fortunes se sont faites, aux premiers temps de notre histoire, par la conquête ; plus tard, par les confiscations, le pillage, les grâces royales ; chez la classe moyenne, par l'usure, les abus de confiance ; pendant la Révolution, par les achats de biens nationaux, par l'agiotage, par les fournitures d'armées ; sous l'Empire, par la guerre, les donations impériales ; depuis 1814, par les spéculations, les jeux de bourse, les faillites habiles. Chez les modernes enrichis la première génération se compose d'usuriers, la deuxième de débauchés et de joueurs.

1850.

II. — 4*

XXII

LA TRIADE

Dans notre pauvre pays de France, où les trois quarts des travailleurs manquent du nécessaire, je le dis hautement, la triade par excellence, ce sont les trois pieds de la marmite... Je sais qu'on nous reproche d'aiguiser les appétits et d'abaisser toutes les questions au niveau d'un abject matérialisme. Laissons dire ces austères moralistes affligés de 50,000 francs de rente. Laissons les Siméons stylites prêcher le jeûne et le cilice, le dos au feu et le ventre à table. Laissons les champions viandus de la politique éthérée, les anachorètes à la panse obèse tonner saintement contre les doctrines matérialistes, et nous, qui ne sommes point des cénobites de la Thébaïde, nous, sensualistes à l'eau et au pain sec, sachons plaindre de plus malheureux que nous réduits au pain noir et à l'eau trouble. N'allons pas dévier de notre ligne devant les anathèmes des tartufes

séraphiques, assis entre un chapon truffé et une
courtisane. Nous sommes dans le vrai, dans le
juste, restons-y sous peine de suicide, et laissons
à nos ennemis l'odieux et le ridicule qui leur
vont si bien.

Janvier 1849.

XXIII

LE COMMUNISME PRIMITIF

Le communisme n'est point, comme le dit Pompéry, un chaos informe, le syncrétisme confus des premiers âges de l'humanité ; il est le dernier mot de la science sociale, l'idéal de l'avenir.

Il est faux que le communisme ait jamais été l'enfance d'une société quelconque, et qu'il marque le degré le plus bas dans l'échelle de la sociabilité. Ces assertions sont diamétralement le contraire de la vérité. L'histoire entière leur donne un démenti permanent.

Ni les Esséniens, ni les frères Moraves ne formaient une nation, pas plus que les couvents grecs et latins. C'étaient des réunions d'individus, vivant en dehors du monde réel, sous la domination d'une croyance religieuse, c'est-à-dire infectés de la pire des pestes.

En tout temps et en tout pays, l'individualisme

est la première forme de la société. Son règne est celui de l'ignorance, de la sauvagerie. Il s'amende par la marche des âges et cet amendement n'est jamais qu'un amoindrissement de son principe. Tout progrès social est une innovation communiste.

Le communisme n'est que le terme final de l'association, et personne ne conteste aujourd'hui que l'association ne soit le véritable instrument et thermomètre du progrès. Comment l'association serait-elle excellente, tant qu'elle demeure incomplète, et détestable, lorsqu'elle est arrivée à sa perfection?

Elle s'étend uniquement par les lumières. Chaque pas dans cette voie est la conséquence d'un progrès dans l'instruction. Toute victoire de l'ignorance, au contraire, est une atteinte à l'association. Il y a connexion intime entre ces deux ordres d'idées, les faits l'attestent jusqu'à l'évidence. Le communisme ne pourra se réaliser que par le triomphe absolu des lumières. Il en sera la suite inéluctable, l'expression sociale et politique.

L'individualisme est l'enfer des individus. Il n'en tient nul compte et se fonde sur leur destruction systématique. Il suffit de jeter un regard sur l'époque actuelle et sur les siècles précédents. L'immolation des individus est toujours en raison directe de la prépondérance de l'individualisme.

Il signifie à leur égard extermination, et communisme implique respect, garantie, sécurité des personnes.

Il y a eu à toute époque des théories communistes. Cela se conçoit. De grandes intelligences peuvent y deviner l'idéal de l'organisation sociale. L'application a toujours échoué contre l'ignorance. Les lumières sont la condition *sine quâ non* du communisme. Il ne devient possible que par elles, et il en est la conclusion obligée.

Les premiers chrétiens l'ont essayé. L'échec a été complet. Cette tentative prématurée de perfection a tourné au désastre. Elle a enfanté les couvents, l'une des plus pernicieuses aberrations de l'esprit humain. Le remède intempestif est devenu poison.

Mars 1869.

... L'homme est très ancien sur la terre, beaucoup plus ancien qu'on ne l'avait longtemps imaginé et probablement même qu'on ne le suppose encore.

Sa première existence, sans nul doute, était toute bestiale. Vivait-il seul ou en société? Ses débuts dans l'assistance mutuelle ont-ils eu lieu sous la forme de la communauté ou de l'échange?

Mystère. Toute hypothèse sur l'état social de cette humanité primitive ne saurait être qu'un roman.

Les Australiens, par analogie, pourraient fournir quelques indices sur les mœurs et les agissements de ces périodes reculées. Ils semblent récents dans la famille humaine, à juger d'après leur extrême sauvagerie.

Cependant on a exagéré jusqu'à l'absurde en les plaçant au niveau et même au-dessous des singes. Les singes n'ont pas la parole, encore moins des armes aussi remarquables que le boomerang, sujet perpétuel d'étonnement pour les Européens. Ils ne manœuvrent pas des flottilles nombreuses de pirogues.

Les Australiens possèdent tout cela et probablement encore d'autres signes de progrès qui échappent à l'observation dédaigneuse et superficielle des blancs. Ces observateurs sont des touristes trop dégoûtés que révoltent la saleté et la puanteur des pauvres diables, et ils s'inquiétent beaucoup plus de tracer des tableaux pittoresques pour l'amusement des oisifs, que de faire des études d'anthropologie profitables à la science.

Il est assez difficile de démêler le système social des noirs de la baie de Carpentarie. Est-il communiste ou individualiste ? Ils paraissent associés, sans communisme, même sans échange, et seulement pour la défense commune, non pour les besoins de la vie usuelle.

En effet, ils ne cultivent pas, marchent nus, n'ont pour abri que des branchages placés le soir, abandonnés le matin. Donc point de propriété immobilière. Ils sont nomades ; point de meubles. Restent, pour unique richesse, quelques armes et instruments fort simples, de fabrique toute personnelle.

Cannibales, pêcheurs, chasseurs, en lutte permanente contre la faim, ils travaillent probablement chacun pour son compte. Cependant des pirogues ne s'improvisent pas. Dans quelles conditions sont-elles construites ? Isolément ou en commun ? Il serait intéressant de le savoir. On n'en dit rien. Ce qui est certain, c'est qu'ils vivent en troupe et par tribus, avec une organisation et des chefs, société fort rudimentaire peut-être, mais positive.

Nos ancêtres de l'âge de pierre étaient-ils plus avancés, et même autant ? C'est douteux. Ils ont cependant une postérité présentable. Quant aux Australiens, leur compte est réglé. Ils ont rencontré une race qui n'épargne pas les autres. On a essayé de les amener à la culture du sol, à la civilisation blanche, tentative ridicule et stupide qui exigeait de ces infortunés ce que ne peut donner leur organisme. Les transformations du cerveau ne s'improvisent pas. Elles sont l'œuvre des siècles. Au contact des Anglais, les peaux noires d'Australie vont périr, comme les peaux rouges d'Amérique, comme la race zélandaise elle-même, si intelligente et si belle. C'est triste.

Par une cruelle fatalité, toutes les jeunes familles humaines, dont l'enfance avait besoin de protection et de tendresse pour arriver à la virilité, ont eu le malheur de rencontrer la variété la plus égoïste, la plus grossière, la plus impitoyable, la plus hypocrite de la race blanche, les Anglo-Saxons, qui détruisent froidement, sans remords comme sans bruit, tout ce qui se trouve devant eux et fait obstacle à leurs envahissements.

Des renseignements judicieux et précis sur les coutumes australiennes pourraient éclairer la condition première de nos propres aïeux.

Avril 1869.

Prétendu communisme de l'homme primitif. — Absurdité.. — C'est tout le contraire, l'individualisme à sa plus haute puissance. — Le non-partage des terres est un argument ridicule. A quoi bon partager ce qu'on ne cultive pas? C'est comme si on disait les peuples actuels communistes parce qu'ils ne divisent pas la mer en lots particuliers. L'appropriation personnelle était le procédé des sauvages, cela ressort de leurs coutumes.

. Les guerres indiennes de l'Amérique du Nord avaient en général pour causes des querelles sur les territoires de chasse. Chaque tribu avait le sien et le défendait avec acharnement contre les tribus voisines. C'était bien de la propriété, non point individuelle, mais par association. C'était la seule possible. Comment partager entre particuliers un terrain dont toute la valeur consistait dans les bêtes sauvages qui le peuplaient ? Si le partage eût été fesable, il se serait fait. Mais une pareille idée n'aurait pas eu de sens. Les animaux sauvages ne s'emprisonnent pas comme des porcs et des vaches.

Mars 1870.

Les économistes ont pris l'habitude de dire que les sauvages vivent en communauté, d'où la conclusion naturelle que le communisme est l'état de sauvagerie. Sur quoi se fonde leur affirmation ? Sur rien. Cependant personne ne contredit.

Les Australiens sont-ils communistes, parce qu'ils ne se partagent pas le sol ? A quoi bon ! puisqu'ils n'en tirent aucun parti. La communauté de la friche n'est pas la communauté de la culture. C'est précisément le contraire. D'un côté l'absence totale, de l'autre la perfection du travail ; les deux bouts de l'humanité. Les loups sont-ils communistes, parce qu'ils vaguent en troupes dans les forêts ?

Ce qui constitue la communauté, ce n'est pas le vagabondage sur des terrains incultes, mais l'exploitation en commun.

Les sauvages sont ultra-individualistes justement parce qu'ils n'ont rien au-delà de quelques outils insignifiants, œuvre personnelle de chacun d'eux, et qu'ils ne ressentent pas même le besoin du troc en nature.

Le partage des terres a été un grand pas vers le communisme. C'est une vérité qui a l'air d'un paradoxe. Mais l'apparence est menteuse. Elle ne trompe que par défaut de réflexion. Depuis son apparition sur la terre, l'humanité n'a pas fait un pas en avant qui ne l'ait rapprochée du communisme.

On n'a vu jusqu'ici chez aucun peuple la culture du sol en commun, procédé d'une civilisation parvenue à sa dernière limite, incompatible dès lors avec l'état d'ignorance et de semi-barbarie que n'a jamais dépassé jusqu'à présent l'espèce humaine, pas plus en Europe qu'ailleurs.

Les économistes, Bastiat en tête, entre-

prennent de prouver la légitimité de monseigneur
capital, par des historiettes où ils lui donnent le
rôle de bienfaiteur.. Il importe de faire justice de
ces contes bleus, qui prétendent servir de
piédestal à l'idole. Ce sont en général de petites
scènes à deux personnages jouant une comédie
de fort mauvais aloi. Que nos adversaires poursuivent, dans ces exemples vivants, une démons-
tration plus saisissante de leurs théories, soit.
On a mis la morale en action, on peut bien y
mettre le capital, sans dérogeance et même sans
calembour.

Mais il ne faudrait pas bâtir ces historiettes
démonstratives sur un tohu-bohu d'anachro-
nismes. Ces messieurs, pour les besoins de leur
cause, transportent sans façon à l'âge de pierre
les industries de 1848 et mettent nos idées,
notre langage, dans la bouche des hommes de
Neanderthal. Ils créent, avec cet amalgame, des
situations impossibles, des arguments burlesques,
et voilà la légitimité de l'intérêt triomphante.

On est en droit de répondre à ces niaiseries
par une fin de non-recevoir. Nous n'aurons
garde, car nos contradicteurs ne pouvaient
imaginer un moyen plus sûr d'être battus. Ils ont
posé eux-mêmes ces anecdotes comme base et
origine de la dîme capitaliste. Ils en font des
exemples-types pour toutes les questions qui se
rattachent à ce grand débat. Prêt en nature,

prêt d'argent entrent en scène aux âges les plus lointains, et sont discutés entre les premiers hommes que ces intérêts ont dû mettre en présence. Nous acceptons de grand cœur la lutte sur ce terrain.

Tant pis pour les maladroits que leur imprudence a fourvoyés dans les impasses de l'anachronisme , et leur présomption dans les absurdités de la légende.

Pour arrêter les pérégrinations fabuleuses de ces messieurs, et les ramener à la réalité, ainsi qu'au sens commun, il est utile de tracer un aperçu rapide de la marche de l'humanité à travers les siècles et de rappeler les diverses périodes qui, selon la science, se partagent cette longue durée.

Première situation. — Age de pierre.

L'homme des cavernes, isolé de ses semblables, vit presque à la façon des animaux, ses ennemis quotidiens, qui lui disputent le logement et la nourriture. Pas trace de société. Point d'entente ni de lien quelconques.

Chacun pour soi et contre tous. La famille, unique groupement. De cette période humaine, la géologie seule nous a conservé les vestiges et la preuve.

Deuxième situation. — Suite de l'âge de pierre. — Commencement de l'âge du bronze.

Rapprochement des hommes par tribus. Point

de culture encore, ni d'appropriation du sol. Deux formes sociales : 1° Le pasteur, avec ses troupeaux, la terre commune ; c'est le patriarchat. Ébauche de gouvernement ; une hiérarchie, un ou plusieurs chefs. Premier degré de l'association, payé déjà à un haut prix, le sacrifice de l'indépendance, la domesticité voisine de l'esclavage.

2° Le chasseur. — Ni propriétés agricoles, ni troupeaux. De vastes forêts, territoires collectifs de chasse, que les tribus se disputent par des guerres sanglantes. La vie des bois et des combats. Un ou plusieurs chefs. Gouvernement des plus anciens et des plus braves.

L'histoire nous a transmis le souvenir des deux formes de cette période. La haute Asie conserve encore la première dans ses tribus de pasteurs nomades, Mongols et Tartares.

L'époque actuelle nous montre également la deuxième forme dans sa réalité vivante, les peaux rouges des deux Amériques, les noirs d'Australie ; chez ces derniers, l'ébauche d'organisation est presque nulle.

Troisième situation. — Age du bronze. Age du fer. Culture d'abord, puis, avec le laps du temps, appropriation du sol. Ce pas apparent vers l'individualisme est au contraire un progrès sensible de l'association parmi les hommes et un acheminement à la communauté.

Ce développement nouveau de la civilisation est acheté, comme tous les autres, à un prix douloureux.

Accroissement des pouvoirs politiques et sociaux. Monarchie et aristocratie. Castes. Servage. Vasselage. Néanmoins, l'individualisme conserve sa principale forteresse, l'indépendance économique des familles. On pourvoit soi-même à tous ses besoins, nourriture, logis, vêtements, mobilier, arme, outillage. Ni division du travail, ni échange, ni monnaie, ni par conséquent exploitation capitaliste. A peine quelques trocs en nature. L'histoire est muette sur cette forme politique qui a dû, presque partout, marquer le premier degré de l'institution propriétaire. Sans doute elle aura trop peu duré pour laisser mémoire de son passage.

Elle s'est maintenue jusqu'à nos jours dans les archipels de l'Océanie, grâce probablement à l'absence des métaux qui n'a pas permis l'usage d'une monnaie sérieuse. Nous possédions ainsi un vivant échantillon de l'ordre transitoire qui relie les temps primitifs à l'organisation civilisée et qui n'a point laissé de traces dans la tradition. Il va disparaître sous la conquête européenne.

Sur le continent, aussitôt après la naissance de l'agriculture et la multiplication des hommes qui s'en est suivie, les développements de l'industrie et du commerce ont dû amener promp-

tement la division du travail. L'échange exigeait
dès lors un intermédiaire. L'aptitude spéciale de
l'or et de l'argent pour cette fonction a été sans
doute observée de bonne heure. L'or, suivant
toute apparence, figure le premier dans la
découverte des métaux. Il n'existe qu'à l'état
natif, propriété exceptionnelle qui l'aura placé
longtemps avant les autres sous la main de
l'homme. L'argent pur se rencontre parfois
aussi, mais bien plus rarement. Tous deux
d'abord, le cuivre plus tard, auront été adoptés
pour agents d'échange, non pas cependant, il
s'en faut, sous l'aspect artistique et commode de
la monnaie actuelle.

Ils n'étaient point frappés d'une empreinte
légale, garantie de leur titre et de leur poids. On
les pesait à chaque transmission, cérémonie
solennelle qui imprimait au négoce un caractère
de gravité. Chez nous, cette vénérable coutume
n'a pas survécu au moyen âge. Elle règne encore
en Orient, dans l'Afrique indigène. Le trébuchet
est le compagnon inséparable du marchand
chinois.

Le nom même des monnaies en Europe
atteste encore l'usage de la pesée. *Livre* en
français, *pound* en anglais, *peso* en espagnol,
etc., expriment en même temps l'idée de poids et
d'unité monétaire. Il en était de même dans toute
l'antiquité.

L'emploi des métaux comme agent d'échange est bien vieux. On le trouve déjà au berceau des deux plus anciennes civilisations, l'Égypte et la Chine. Aucune tradition ne révèle la date de ses débuts. On doit les supposer antérieurs à toute espèce d'alphabet, par conséquent à la parole écrite. De là le silence de toutes les chronologies. La première aube de l'histoire nous montre l'humanité agenouillée comme aujourd'hui devant. le prestige de l'or. L'Empereur-Écu a fondé la plus ancienne aussi bien que la plus puissante des dynasties. Le globe entier lui appartient. Révolutions, conquêtes, catastrophes, n'ont pu l'ébranler. Règnera-t-elle jusqu'à la consommation des siècles ? l'avenir seul peut le dire. Toujours est-il que le mécontentement commence à gronder autour d'elle. On la tient pour responsable du passé, et le passé est en exécration.

Si antédiluvienne qu'elle soit, néanmoins, l'âge de pierre ne l'a pas connue. Impossible de la reculer au-delà de l'âge de bronze. Si c'est une belle vieillesse pour la tradition, c'est tout au plus l'adolescence pour la géologie. L'âge de bronze est récent dans l'humanité, l'âge de fer est d'hier à peine. Tous deux réunis n'égalent pas, à beaucoup près, l'âge de pierre.

Avril 1870.

II. — 5*

XXIV

LE TRAVAIL DES COUVENTS

L'un des ulcères sanieux du pays, comme tout ce qui vient du christianisme. Les couvents femelles sont les plus odieux. Là, des ouvrières sans défense, captives infortunées, sont courbées sous un joug de fer par ces âmes si dures dans leur mansuétude, si altières dans leur humilité, ne rêvant que grilles, verrous, contrainte et compression.

On les marie, oui, ces pauvres filles, mais on les congédie. Des vierges seules doivent vivre sous le toit de ces saints repaires. Celles qui préfèrent à l'état parfait la demi-souillure du mariage n'ont qu'à chercher ailleurs des moyens d'existence pour elles-mêmes et pour les tristes fruits de l'œuvre de chair. Un jour le petit nombre de ces fruits, qui ne sera pas tombé avant le temps, trouvera peut-être dans la béate prison un asile et un morceau de pain trempé des larmes de la servitude.

L'économie politique réclame hautement pour ces cavernes le droit absolu de la liberté. Les compères, dans leurs phrases agenouillées, ne manquent pas de proposer à la vénération publique ces séraphiques personnages dont un labeurs enrichissent la patrie. Oui ! voyons seulement à quel prix.

Pour me servir de l'argot bestial des économistes, l'*élève* des enfants entre, je suppose, pour une large part, dans les frais généraux de production. Or, cette charge énorme, les bons pères et les bonnes sœurs savent s'en exempter et ils écrasent sur le marché ceux qui la supportent. Chaque usine monacale qui se fonde vient accroître le chiffre des morts et diminuer celui des naissances, en supplantant une partie proportionnelle de la production laïque.

Or, cette lèpre s'étend avec rapidité et commence à garnir la quatrième page des journaux. Les riches lui prodiguent commandites et clientèle et la propagent avec passion comme le plus sûr instrument de crétinisme, partant comme leur meilleur auxiliaire. Le pays se couvre de ses établissements d'industrie et de commerce. Tel couvent fait pour deux millions d'affaires annuelles.

Les travailleurs se verront-ils réduits à l'alternative de jeter leurs enfants à l'eau pour soutenir la concurrence, ou de s'enrôler, esclaves, sous la bannière de cette noire milice ? Qu'adviendra-t-il si la loi naturelle de l'offre et de la demande et l'égoïsme non moins naturel du capital suppriment l'*élève* des enfants ? L'État et la morale profiteront sans doute également de ce phénomène d'économie politique. Ainsi la moinerie mâle et femelle, née de doctrines perverses qui étouffent dans le cœur le cri de la nature et s'attaquent aux sources mêmes du genre humain, est aujourd'hui un fléau plus désastreux par son travail qu'il ne l'a été, quinze siècles durant, par son oisiveté. Mieux valait encore son abrutissement contemplatif.

1867.

Une couturière d'Angers fait faire des gilets qu'elle paie aux ouvrières 40 centimes.

Le repaire jésuitique dénommé *Refuge du Bon-Pasteur* a fait offrir un rabais de 10 centimes par gilet.

Ainsi de toutes les industries. Les couvents écrasent les travailleurs de leur concurrence au rabais. Ils réduisent les hommes à la mendicité ou au vol ; les femmes au vol, à la prostitution ou au cloître.

Septembre 1869.

Les bordels et les couvents sont frères en opulence et en politique. L'or y coule à flots de la même source, le capital. Il paie aux uns la jouissance infâme; il paie aux autres l'abrutissement des masses qui fait sa sécurité. Nonne ou prostituée, la femme est son instrument et sa victime.

Paris rebâti ne sera plus que le lupanar de l'Europe. Les travailleurs sont refoulés de proche en proche et rejetés hors de la ville. Ne pouvant les expulser par les baïonnettes ou par l'ostracisme, on les chasse par les démolitions.

Septembre 1869.

Boutique au rabais, rue Montmartre, avec cette double inscription :

« Arrivage des prisons. » — « Arrivage des « couvents. »

Chez un marchand de bonneterie du quartier Montmartre !

186..

Un des grands magasins de nouveautés de Paris informe le public qu'il peut donner tel article à un prix « extraordinairement bon marché », parce qu'entre autres avantages, il a celui de faire exécuter cet article dans « des « couvents ou communautés », où le prix de façon est considérablement réduit.

Février 1868.

XXV

LE CREUZOT. — LES SALAIRES

A propos de la grève du Creuzot, la presse conservatiste, pour démontrer l'injustice des prétentions grévistes, a établi le bilan de l'usine. Il en résulte que dix mille ouvriers touchent huit dixièmes du revenu, les employés (ingénieurs, buralistes), un dixième, le patron Schneider, un dixième.

« Quelle éloquente réponse aux déclamations « anarchiques! » s'écrient les officieux. « Ce « capital, qu'on accuse de boire, jusqu'à la « dernière goutte, les sueurs du peuple, ne se « fait donc pas la part du lion, puisqu'il se « contente d'un modeste dixième! »

Les gazetiers oublient seulement que ce modeste dixième égale 1.250 parts de travailleurs, et tombe dans une seule poche.

D'après les chiffres du Creuzot qui peuvent servir de moyenne, le capital prélèverait 10 pour cent sur la totalité des produits. Reste à savoir si ce dixième représente toute la dime capitaliste. M. Schneider n'est-il pas simplement le directeur ou le gérant de l'usine qui appartient à une société commerciale? Dans ce cas, le dixième en question ne serait qu'un traitement administratif. Et les actionnaires? Ne touchent-ils rien? Ceci est une simple réserve. Nous ne connaissons pas le gouvernement du Creuzot.

Dans tous les cas, on a payé aux travailleurs neuf francs ce qui en valait dix, puisque le capital est de sa nature improductif et n'ajoute pas un centime aux valeurs créées.

Si maintenant on songe à la décroissance des salaires, depuis l'ingénieur en chef jusqu'à l'humble manœuvre, on verra que la majorité des travailleurs est spoliée de la moitié de son dû.

Mars 1870.

XXVI

AMENDE ET CONFISCATION

.... Le vol de 700 francs, chose toute simple. C'est si peu! Ah! cent mille francs, un million, voilà qui mérite tous les respects, qui exige les protections les plus inexorables.

La confiscation, quel forfait! Oui, la confiscation de 500.000 francs, mais la confiscation de 700 francs? Vétille, moins que rien. Cela ne s'appellera jamais du nom de confiscation.

Un héritage de 300 francs est avalé par les droits du fisc et n'a pas tout payé. L'héritier hérite d'une dette au receveur. Qui s'occupe de ces petites bagatelles de chaque jour?

Et les amendes! Un pauvre diable fait un journal littéraire. Il serait fort empêché d'en publier un autre. Tout le monde n'a pas 60.000 francs à verser pour un cautionnement. On supprime sa feuille, on lui applique de 300 à 1.500 francs d'amende, et, comme il a peu de chose, il paie le surplus de sa liberté. Contrainte par corps. Le bonhomme est ruiné et emprisonné.

Les millionnaires s'en moquent. Les amendes glissent sur eux, comme l'eau sur le marbre.

Bons chrétiens, messieurs les riches ne connaissent que l'absolu. Fi du relatif! 500 francs sont une misère. 500.000 francs, c'est une somme. Cependant, pour le pauvre, 500 francs à payer, c'est la ruine. — Oh! ceci est du relatif. On ne peut pas s'amuser au relatif, et 500 francs ne seront jamais, en fait de fortune, que du relatif. 500.000 francs, voilà un chiffre absolument élevé.

Oui dà! votre absolu n'est que relatif aussi. Qu'est-ce que 500.000 francs devant cent milliards? Cent milliards, voilà un magot, dans le sens le plus absolu. Et on va confisquer votre pourboire de 500.000 francs. Qu'avez-vous à dire?

La vie du pauvre n'est qu'une série de confiscations qui passent comme une lettre à la poste. On s'empare de 700 francs, comme on confisque une canne à dard qui est en contravention.

Avril 1870.

L'amende tue le pauvre, elle égratigne le riche. Aussi monte-t-elle tout juste assez haut pour ruiner la médiocrité et pour effleurer l'opulence.

Amende est un mot anodin, modeste, accepté. Elle spolie le pauvre. — Confiscation, horreur ! Elle dépouille le riche.

Qu'est-ce que la confiscation ? L'amende du riche. Qu'est-ce que l'amende ? Pour le pauvre, la confiscation.

L'amende est une confiscation. La confiscation sera une amende.

« Il faut ruiner la mauvaise presse! » criait Rouher du haut de la tribune législative. Ce qui signifie : « Il faut ruiner nos adversaires. » Personne n'a relevé cette phrase. Elle paraît toute naturelle contre des républicains. Contre des monarchistes, conservateurs, on la trouverait hideuse.

Avril 1870.

XXVII

LES CONQUÊTES DE L'INDUSTRIE

Rabâchage de l'économie politique sur les progrès de la civilisation, ses conquêtes industrielles, le développement progressif du bienêtre matériel, etc.

Tout cela est en dehors de la question. Les conquêtes de l'industrie ne sont point l'œuvre du capital, mais de l'intelligence. Bastiat fait honneur au capital de la marche de l'esprit humain, du progrès des lumières. C'est le sophisme *cum hoc, ergo propter hoc*.

La pensée a successivement créé les idées appliquées par l'industrie. Les inventeurs seuls ont l'honneur de ces conquêtes. Le capital est le frelon qui s'en approprie les avantages. Il ne laisse au travail de la pensée et des bras que ce qu'il lui est impossible de leur enlever.

Exploiteur, parasite, étouffeur, tel est son rôle

à travers les siècles, et, parce qu'il s'empare de tout, on le proclame le créateur de tout!

Quand le moyen âge mettait au pilori l'audacieux qui avait porté une chemise, c'est l'idée chrétienne qui mettait au pilori l'idée païenne de la satisfaction matérielle.

Ce n'était point la pensée d'égalité qui condamnait la jouissance acquise aux dépens de la privation d'autrui.

Toutes ces conquêtes du bien-être sont l'œuvre de l'intelligence, non du capital qui les a exploitées, qui en a privé la masse au profit du petit nombre.

Juin 1870.

XXVIII

DÉMAGOGIE CÉSARIENNE

Les gros traitements, 50, 60, 80, 100, 200, 300 mille francs par an.—Les sénateurs 30.000 francs, les législateurs 12.500,... démagogie césarienne.

Les 2 milliards de Rotchschild, les 10, 20, 30, 40, 60, 80 millions de fortune de tels et tels,... démagogie césarienne.

Les palais qui surgissent partout, à côté des masures et des hangars,... démagogie césarienne.

La féodalité industrielle et commerciale raflant les millions, et la petite bourgeoisie ruinée, en faillite, fermant ses boutiques, tombant dans le prolétariat salarié,... démagogie césarienne.

Les ouvriers soumis, par le capital aidé du gendarme, à un joug de fer, sans liberté de parole ni d'action, surveillés par des yeux d'argus, expulsés au moindre symptôme d'indépendance politique, à la moindre révélation d'une pensée libre,... démagogie césarienne.

La prétendue égalité devant la loi, donnant au riche le monopole de la presse et de la parole, imposant le silence et la soumission au pauvre,... démagogie césarienne.

Le cautionnement et le timbre fermant la bouche, brisant la plume du pauvre et assurant au riche la domination des esprits, le gouvernement du forum,... démagogie césarienne.

Pour le millionnaire qui se rit de l'amende et paie des prisonniers de paille, qui peut braver les condamnations, toutes résumées en une perte d'argent, et qui d'ailleurs n'a point de condamnation à craindre, règne absolu et suprématie sans conteste.

Pour la simple aisance, crainte permanente de la ruine et du bâillon, au moindre déplaisir du pouvoir ou de ses suppôts.

Pour le pauvre, impuissance complète d'ouvrir la bouche et écrasement sous les pieds du riche,... démagogie césarienne.

Février 1869.

XXIX

LA FRATERNITÉ

La fraternité aujourd'hui ! une hypocrisie, un piège, un poignard ! La fraternité de Caïn ! — L'Inquisition disait : mon frère ! à sa victime sur le chevalet. Ce mot : la fraternité, sera bientôt un sarcasme comme cette autre parole : pour l'amour de Dieu ! devise de charité divine, devenue l'ironie suprême de l'égoïsme et de l'insensibilité.

La fraternité ! c'est l'impossibilité de tuer son frère. Elle ne peut exister qu'entre égaux. La nature n'a qu'un procédé pour la conservation de l'espèce, c'est l'équilibre entre les forces des individus. A l'homme, être sociable, elle a donné, pour réaliser cette égalité tutélaire, la conscience et l'intelligence.

Jamais la conscience n'accomplira seule

l'œuvre de la fraternité. C'est une pauvre garantie pour le faible que la conscience du fort. Protection, oppression. L'histoire de l'humanité nous montre toutes les maximes d'amour rapidement dégénérées en instruments railleurs de tyrannie et d'exploitation. — *Homo homini lupus.* L'homme est un loup pour l'homme, mais un loup sous la peau d'un agneau, afin de mieux atteindre sa proie.

Les jésuites ont fait quarante ans une guerre d'extermination au mot : liberté. En désespoir de cause, impuissants à le détruire, ils ont fini par se l'approprier, surpris sans doute de s'être avisés si tard d'une ruse qui fait accepter aux peuples sous ce titre ce qui les révoltait sous le nom d'autorité. Toutes les tyrannies, inspirées par ce succès, inscrivent aujourd'hui sur leurs cachots : liberté !

L'oppression, protée infatigable, embusquée derrière la fraternité pour emprunter son visage et contrefaire sa voix, pour lui escamoter ses armes et ses drapeaux, quand elle n'a pu réussir à les mettre en pièces ! Furie qui se baptise du doux nom d'Euménide, qui jette le poignard pour le poison, qui s'intitule liberté, après son naufrage comme tyrannie ; égalité, après sa chute comme privilège ; fraternité, après sa ruine comme exploitation ; qui, terrassée sous le nom de monarchie, vole à ses vainqueurs le nom de république, et

II. — 6

leur volera celui de socialisme, le lendemain du
jour où le socialisme sera victorieux !

1850.

La fraternité, c'est l'impossibilité de tuer son
frère.

Il y a chez l'homme une tendance native, une
force d'expansion et d'envahissement qui le
pousse à s'étendre, à se développer aux dépens
de tout ce qui n'est pas lui. Ainsi font les plantes,
ainsi font les animaux, ainsi font les hommes.

Cette tendance est la condition indispensable à
la conservation et au perfectionnement de chaque
individu et de son espèce. Elle est contenue et
limitée par la tendance toute semblable des autres
individus, tant de la même race que des espèces
étrangères. C'est la lutte perpétuelle, acharnée,
le *struggle for life* de Darwin.

De là cette soif universelle d'usurpation trop
démontrée par l'expérience. Faible, l'homme se
laisse réduire à un minimum qui est en raison
même de sa faiblesse. Fort, il empiète et dévore
dans la mesure de sa force. Il ne s'arrête qu'aux
barrières infranchissables.

L'ouvrier opprimé devient patron oppresseur,
et il n'est pas le moins dur, les ateliers le savent.
L'abus est donc certain, tant qu'on ne le rend
pas impossible.

Toutes les difficultés sociales n'ont pas d'autre origine. On ne peut se fier à personne, même au plus raisonnable, au plus modéré. Le pouvoir est oppresseur par nature. Le sentiment de justice, développé par l'instruction, n'est lui-même qu'un assez frêle obstacle. L'instinct envahisseur perce et pénètre dès qu'il ne sent plus la résistance et se fait illusion de la meilleure foi du monde, avec les plus beaux prétextes.

Il n'existe de sûreté pour chacun que dans l'égalité de force chez tous. Les forces juxta-posées se font échec et équilibre. Point d'autre garantie sérieuse dans l'ordre social. La fraternité n'est que l'impossibilité de tuer son frère.

Avril 1869.

XXX

LAMARTINE ET ROTHSCHILD

Spectacle curieux! M. de Lamartine, ce capitaine Cook de la politique au long cours, ce Sindbad le Marin du xixe siècle, plus merveilleux que son prédécesseur des *Mille et une nuits,* ce voyageur non moins errant qu'Ulysse, mais plus heureux, qui a pris les sirènes pour équipage de son navire et promené sur les rivages de tous les partis la musique si variée de ses convictions, M. de Lamartine, dans son odyssée sans fin, vient d'échouer doucement sa barque éolienne sous les portiques de la Bourse. Je laisse à juger de l'accueil que la divinité du lieu, émerveillée d'accents si nouveaux pour elle, a dû faire au mélodieux étranger atterri sur son parquet. Combien durera la relâche? Demandez aux vents et aux marées, seuls nautoniers de la fantasque nacelle. Peut-être vont-ils, la détachant des colonnes du temple, la pousser à pleines voiles dans les ports de Salente ou sur les rives d'Utopie. Cela dépend de la lune révolutionnaire qui en règle la direction. On connaît le cercle monotone de la mode et de la politique. Les chapeaux pointus ramènent les chapeaux plats et les chapeaux plats ramènent les chapeaux pointus. 1844 a engendré 1848 lequel a réenfanté 1844. Un changement de lune, en ressuscitant 48, conduira peut-être le vaisseau lyrique de M. de Lamartine aux champs de l'Icarie. Bon voyage !

M. de Rothschild, dit l'auteur des *Girondins*, est une nuée qui verse la fécondité sous forme de pluie. Mais, s'il faut de la pluie, pas trop n'en faut. Le soleil est tout aussi nécessaire. N'est-ce pas lui qui vivifie de ses rayons le sol engourdi par le froid ? Le crédit, sous forme de M. de Rothschild, doit être autant soleil que brouillard. Or, nous savions bien que le banquier israélite fesait la pluie et le beau temps. Mais qu'il soit en même temps le beau temps et la pluie, c'est plus neuf. S'il n'était qu'une nuée pourtant, quel échec pour sa réputation ! Nous arroser sans cesse ! Nous serions bientôt noyés ! Ce serait le déluge. On ne pourrait s'en tirer qu'avec une arche de Noé. Mauvaise recommandation pour le crédit-nuée, car, si on n'accuse jamais l'excès du crédit, on se plaint quelquefois furieusement de la pluie.

Le crédit-Rothschild est donc encore moins la pluie que le soleil. Le soleil, en effet, distribue l'eau ainsi que la chaleur. C'est lui qui pompe les

II. — 6*

nuages, phénomène qui rend la comparaison frappante. M. de Rothschild pompe aussi, il pompe énormément. Lorsqu'il n'est pas satisfait des révolutionnaires, il retient toutes les vapeurs pompées et ne lâche pas une goutte d'eau, moyen infaillible de rôtir les perturbateurs, et de les calciner jusqu'à l'état de momie.

Combien il nous en faudrait de ces hommes-crédits-soleils, s'exclame M. de Lamartine! Plût à Dieu qu'on pût les compter par centaines, ces bienfaiteurs du peuple! Il n'est pas, on le voit, de l'avis de la grenouille qui se lamentait si fort du prochain mariage de Phœbus. « S'il suffit « d'un seul pour nous griller jusqu'à la moelle », pleurait la pauvrette, « qu'allons-nous devenir « quand il aura des enfants? » La grenouille est très faible en économie politique : elle n'a pas lu le rapport de M. Thiers, sur l'assistance publique. Elle y eût trouvé le remède à ses maux, remède bien simple : se faire soleil soi-même! Rien de plus facile par la caisse d'épargne et par le marchandage.

Somme toute, M. de Lamartine, à travers ses métamorphoses et sous ses costumes omnico-lores, est bien toujours le même, un pied dans chaque camp et sur chaque rive, un vrai colosse de Rhodes, ce qui fait que le vaisseau de l'État lui passe toujours entre les jambes.

Avril 1850.

XXXI

DISCOURS DE LAMARTINE

Ce discours n'est pas d'aujourd'hui, ni même d'hier. Voici dix-huit ans que nous l'entendons. C'est M. Michel Chevalier qui l'a prononcé le premier. Il revenait d'Amérique. Il y avait été témoin de l'effervescence industrielle d'un grand peuple qui a tout un continent à défricher et à sillonner de routes à vapeur. « Faites des cheminsde fer! » criait Michel Chevalier. « Précipitez dans cette « voie de l'activité matérielle la dévorante énergie « du pays. Ouvrez cette issue aux flots empri- « sonnés de la lave qui ébranlent de leurs assauts « les parois de la société, et qui vont peut-être « la faire éclater. Les laves refroidies deviennent « des champs fertiles. »

« Oui! » a répété quinze ans la tribune monar- chique, « des chemins de fer! c'est-à-dire des « salaires pour les masses, une dérivation pour

« les idées, un déversoir pour les imaginations,
« de la sécurité pour les puissants, des actions,
« des primes, de l'or pour le monde de la
« spéculation. »

Vous les avez faits, ces chemins de fer ! Ils ont
donné du travail aux prolétaires, des fortunes
aux agioteurs, la fièvre de l'or à la nation entière.
Ils ont semé la richesse et aussi la ruine,
l'enthousiasme et le désespoir. Ils ont répandu
sur la France les miasmes de la corruption ! Et
ces miasmes ne se sont point évaporés au grand
air, suivant la thérapeutique lamartinienne. Ils
n'ont fait que s'y condenser en noires vapeurs, et,
pour en désinfecter l'atmosphère, il a fallu le
coup de tonnerre de Février.

Nihil sub sole novi ! nous dit et nous prouve
parfaitement Lamartine. Rien de nouveau sous
le soleil ! On a beaucoup discuté, beaucoup
imaginé en économie politique. On a créé, prôné,
combattu bien des systèmes. On voulait du
nouveau. On croyait le nouveau nécessaire sous
peine de mort. Eh ! bien, le nouveau est déjà
vieux, et c'est le vieux qui est redevenu du neuf.
M. Dumas (de l'Institut) s'écrie : « La poussière
« aveuglante des folles théories soulevées par la
« trombe de Février s'est dissipée dans l'espace,
« et, derrière ce nuage évanoui, l'année 1844
« reparaît avec sa majestueuse figure et sa
« sublime doctrine des intérêts matériels. »

Vivent les primes et les promesses d'actions !
Vivent les compagnies à pairs de France ! Vive
Fampoux ! Vive Boulogne ! *Christus resurrexit
a mortuis. Alleluia.*

1850.

XXXII

LES PARTAGEUX

Curieux article de l'*Ordre*, journal réactionnaire de Dijon : « Les socialistes promettent aux
« malheureux le bonheur le plus décevant en leur
« parlant du partage des terres. Nous en avons
« l'application sous nos yeux. Les anciens biens
« communaux ont été partagés dans un grand
« nombre de localités. Les pauvres habitants qui
« avaient droit de pâture, de parcours, ont reçu
« un lot de propriété exclusive. Qu'est-il arrivé ?
« C'est que, par misère ou par imprévoyance, la
« plupart ont vendu leur portion et en ont
« dissipé le prix, de sorte qu'ils sont plus pauvres
« qu'autrefois, parce qu'ils n'ont plus les droits de
« pâture. Voilà ce qu'ils ont gagné à la théorie
« du partage des biens. C'est un fait notoire que
« nous livrons aux méditations des égalitaires. »
Ce pauvre journal prend les socialistes pour
des partageux. Ils sont précisément tout le

contraire. Ils prêchent l'association universelle comme l'unique remède aux maux actuels, la seule solution possible de tous les problèmes sociaux qui engendrent la misère, le désordre, la guerre civile. Le partage des terres, 'à leurs yeux, n'est pas même un palliatif et ne ferait que généraliser la pauvreté et la souffrance. Le partage des communaux leur a toujours paru un expédient désastreux qui devait entraîner l'aggravation du sort des pauvres par leur dépossession inévitable, et la perte de l'ancienne ressource commune. Ils ont prophétisé le fait malheureux que l'ignorant journal met à leur charge. Le plaisant de l'aventure, c'est que ce journal, en plaidant à son insu la thèse de ses adversaires, devient ainsi un adepte de leur doctrine, s'enrôle sous le drapeau socialiste et déserte la cause de *la famille et de la propriété*. Quelle bévue! parler contre la propriété individuelle! Comment sa plume n'a-t-elle pas rebondi d'horreur en écrivant cette parole : « Les « pauvres sont devenus plus pauvres par la « transformation d'une propriété commune en « propriétés particulières. » C'est tout bonnement du communisme pur. Car la logique est inexorable. L'argument emprunté aux communaux est applicable à la généralité des terres. L'appropriation est donc un fléau ; elle ne peut pas être tantôt un bienfait et tantôt une calamité. Si elle

était un bienfait, elle leserait en toute circonstance, aussi bien pour le partage des communaux
que pour toute autre division de terrains
communs. Cette cessation de l'indivis, à propos
des biens de commune, devient en quelque sorte
une pierre de touche pour le système actuel de
propriété. Ses résultats en sont la condamnation
ou l'apologie. Heureux, ils le légitiment; funestes,
ils le condamnent. Les défenseurs de l'ordre
prononcent eux-mêmes. Le partage des communaux a eu des conséquences déplorables. Il n'a
fait qu'aggraver la misère. Donc l'appropriation
du sol en général a pour résultat nécessaire la
création simultanée de la pauvreté et de l'opulence. Indigence et richesse, telle est sa double
formule.

1850.

XXXIII

RÉSIGNATION

Dans un article sur les fonderies de fer, M. Marc-Bayeux s'exprime ainsi :

« ... En réponse aux ennémis de la démocratie « française, l'histoire impartiale dira que, dans « notre siècle de civilisation, cent mille hommes « du peuple ont souffert la faim à Rouen, « inflexibles, inébranlables, sans qu'on ait à « reprocher à leur agonie un seul cri de fureur, « un seul acte de violence. »

C'est beau sans doute, c'est grand, c'est glorieux ! et on ne saurait s'incliner trop bas devant une si énergique résignation. Mais l'enthousiasme pour cette vaillance ne doit pas rendre injuste envers tant d'autres populations qui ont souffert la misère, la faim, les coups et la mort, avec le même héroïsme et la même gloire, inflexibles, inébranlables, sans qu'on ait à reprocher à leur agonie un seul cri de fureur, un seul acte de violence.

En réponse aux détracteurs de l'absolutisme égyptien, l'histoire impartiale dira que plus de cent mille hommes du peuple ont péri de fatigue et de misère, en construisant, sous le bâton, les grandes pyramides, — inflexibles, inébranlables, sans qu'on ait à reprocher à leur agonie un seul cri de fureur, un seul acte de violence.

En réponse aux contempteurs du césarisme, l'histoire impartiale dira que, durant plus de trois siècles, cent mille gladiateurs, s'entretuant pour les plaisirs de l'aristocratie romaine, sont tombés silencieux, inflexibles, inébranlables, sans qu'on ait à reprocher à leur agonie un seul cri de fureur, un seul acte de violence.

En réponse aux calomniateurs de Louis XIV, l'histoire impartiale dira que, dans les dernières années de son règne, plus d'un million d'hommes du peuple, n'ayant plus même d'herbe à manger, sont morts de faim, inflexibles, inébranlables, sans qu'on ait à reprocher à leur agonie un seul cri de fureur, un seul acte de violence.

Il ne suffit pas non plus de chanter ces gloires de la résignation, il faut rendre à César ce qui appartient à César, et reconnaître qu'une bonne part de l'éloge revient de droit aux Pharaons, aux Empereurs, à Louis XIV et à Napoléon. Ils ont dressé le peuple à ce genre d'héroïsme.

Et la France y est tellement bien dressée aujourd'hui que M. Marc-Bayeux a toute raison

de s'écrier : « Comment ose-t-on douter de
« l'avenir? » C'est une inquiétude bien chimérique
en effet. Les grands de la terre peuvent faire, en
pleine sécurité, des déjeûners de quinze cent
mille francs. La multitude ne chicanera pas d'un
plat leurs festins, alors même qu'elle n'aurait pas
un trognon de chou à mettre sous la dent.

Avril 1863.

XXXIV

LES SECTES ET LA RÉVOLUTION

Outrecuidance des théoriciens qui traitent du haut en bas les révolutionnaires, sous prétexte qu'ils ne possèdent pas une formule de reconstruction pour remplacer ce qui tombe.

Pourquoi les révolutionnaires n'adopteraient-ils pas une formule, tout aussi bien que ces organiciens si superbes ? Ils n'ont qu'à choisir entre les panacées qu'on leur offre, entre les édifices élevés par tant d'architectes. Seraient-ils donc ignorants, au point de ne pas connaître les palais imaginés par tous ces amateurs de bâtisse ? C'est en vérité ce que semblent croire les fondateurs de mondes nouveaux. Dès que vous n'adoptez pas une école, c'est que toutes vous sont étrangères. Votre ignorance seule peut vous retenir indifférent entre tant de prisons-modèles où les poursuivants organiques prétendent claquemurer l'avenir.

Fouriérisme, Saint-Simonisme, communisme, positivisme, c'est à qui s'est empressé d'édifier des bagnes tout neufs, où l'humanité jouira du bonheur de la chaîne perfectionnée.

Tous vous demandent une formule, une administration, un système, une réglementation, les anarchistes, les anti-gouvernementaux, aussi bien que le reste. Les uns réclament un *ordre* nouveau centraliste, les autres le veulent décentralisateur, mais tous s'accordent à réclamer la réglementation.

Singulière monomanie! Les révolutionnaires n'ont point la prétention de construire de toutes pièces un monde neuf d'après leurs seules lumières. Ils voient fort bien par où pèche l'ordre ancien. Ils ont instruit le procès du coupable qui barre la route à l'humanité. Ils l'ont jugé, condamné, ils l'exécutent.

Au premier banc des accusés s'étale le christianisme, ou plutôt le monothéisme. C'est l'empoisonneur par excellence, l'ingrédient mortifère qu'il faut expulser du corps social. Dit et vu, sentence sans appel. Le théisme sous ses trois formes, judaïsme, christianisme, islamisme, doit être mis à néant. Là est la boussole, le point fixe du compas.

Vient ensuite le capital, question infiniment plus complexe et plus difficile. En principe, d'après les lois de la morale, c'est aussi une question jugée. En pratique, c'est un abîme inconnu, où l'on ne peut marcher que la sonde à la main. Est-il possible de bâtir d'ores et déjà un édifice d'où le capital soit proscrit? Avons-nous le plan, les matériaux, tous les éléments de cette maison précieuse? Les sectaires disent oui, les révolutionnaires disent non, et il n'y a de vrais socialistes que les révolutionnaires, car ils sauvegardent bien mieux l'avenir qui appartient au socialisme.

Dans cette voie, ils se rapprochent des économistes qui demandent au gouvernement le simple maintien de l'ordre, rien de plus, nulle intervention constituante. Seulement, les économistes invoquent cette action gouvernementale en faveur de l'organisme existant, et les socialistes l'invoquent contre, parce que l'organisme actuel est reconnu mauvais, qu'il est condamné par la justice, par le sentiment, par toutes les protestations de la conscience humaine.

Que le gouvernement écrase les religions révélées comme assassins-nés de l'espèce humaine. Premier devoir de police. Sans ce nettoyage, rien de possible. Que les oppresseurs matériels, fonctionnaires, capitalistes, soient, les uns balayés, les autres placés sous une surveillance inexorable, second devoir. Jusque-là, la marche est simple. Mais, qu'un gouvernement s'ingère de créer à *priori*, d'imposer, par autorité, de sa

de l'avenir. A peine des pressentiments, des échappées de vue, un coup d'œil fugitif et vague, sont-ils possibles au plus clairvoyant. La Révolution seule, en déblayant le terrain, éclaircira l'horizon, lèvera peu à peu les voiles, ouvrira les routes ou plutôt les sentiers multiples qui conduisent vers l'ordre nouveau. Ceux qui prétendent avoir, dans leur poche, le plan complet de cette terre inconnue, ceux-là sont des insensés. Ceux qui veulent maintenir la lande sauvage du moment, tant qu'on n'aura pas le plan   é, ceux-là sont des ennemis du genre humain.

Qu'on ne s'y trompe pas du reste, si tout doit être fait dans l'intérêt de la collectivité, tout doit être fait par l'individu. L'individu est l'élément de l'humanité, comme la maille du tricot. Par conséquent, en dehors de l'instruction individuelle, zéro. Administration, centralisation ou décentralisation, combinaisons ou pondérations de pouvoir à perte de vue, niaiseries ou friponneries. Avec l'instruction individuelle, tout. Sans elle, rien. Le soleil ou les ténèbres, la vie ou la mort.

Octobre 1866.

XXXV

LA MARCHE A SUIVRE

... Donc, la marche à suivre est celle-ci. Restreindre et supprimer, le plus promptement possible, par des moyens sérieux, énergiques, les déprédations du capital; accroître, dans la même mesure, le bien-être des masses, et, en même temps, lancer l'instruction au pas de charge.

C'est plus facile qu'on ne pense. Il ne faut que de la bonne volonté. C'est la mauvaise qu'on a rencontrée jusqu'ici, l'obstacle ouvert ou hypocrite, l'entrave sous toutes les formes, sous tous les prétextes, toutes les forces de l'État mises au service des ténèbres...

1870.

II. — 7*

XXXVI

QUI FAIT LA SOUPE DOIT LA MANGER (1)

La richesse naît de l'intelligence et du travail, l'âme et la vie de l'humanité. Mais ces deux forces ne peuvent agir qu'à l'aide d'un élément passif, le sol, qu'elles mettent en œuvre par leurs efforts combinés. Il semble donc que cet instrument indispensable devrait appartenir à tous les hommes. Il n'en est rien.

Des individus se sont emparés par ruse ou par violence de la terre commune, et, s'en déclarant les possesseurs, ils ont établi par des lois qu'elle serait à jamais leur propriété, et que ce droit de propriété deviendrait la base de la constitution sociale, c'est-à-dire qu'il primerait et au besoin pourrait absorber tous les droits humains, même celui de vivre, s'il avait le malheur de se trouver en conflit avec le privilège du petit nombre.

(1) Article destiné au numéro du *Libérateur* de mars 1834 qui n'a pas paru. — L'article est retouché. (*Note de Blanqui.*)

Ce droit de propriété s'est étendu, par déduction logique, du sol à d'autres instruments, produits accumulés du travail, désignés par le nom générique de capitaux. Or, comme les capitaux, stériles d'eux-mêmes, ne fructifient que par la main-d'œuvre, et que, d'un autre côté, ils sont nécessairement la matière première ouvrée par les forces sociales, la majorité, exclue de leur possession, se trouve condamnée aux travaux forcés, au profit de la minorité possédante. Les instruments ni les fruits du travail n'appartiennent pas aux travailleurs, mais aux oisifs. Les branches gourmandes absorbent la sève de l'arbre, au détriment des rameaux fertiles. Les frelons dévorent le miel créé par les abeilles.

Tel est notre ordre social, fondé par la conquête, qui a divisé les populations en vainqueurs et en vaincus. La conséquence logique d'une telle organisation, c'est l'esclavage. Il ne s'est pas fait attendre. En effet, le sol ne tirant sa valeur que de la culture, les privilégiés ont conclu, du droit de posséder le sol, celui de posséder aussi le bétail humain qui le féconde. Ils l'ont considéré d'abord comme le complément de leur domaine, puis, en dernière analyse, comme une propriété personnelle, indépendante du sol.

Cependant le principe d'égalité, gravé au fond des cœurs, et qui conspire, avec les siècles, à détruire, sous toutes ses formes, l'exploitation de l'homme par l'homme, porta le premier coup au droit sacrilège de propriété, en brisant l'esclavage domestique. Le privilège dut se réduire à posséder les hommes, non plus à titre de meuble mais d'immeuble annexe et inséparable de l'immeuble territorial.

Au XVIᵉ siècle, une recrudescence meurtrière de l'oppression amène l'esclavage des noirs, et aujourd'hui encore les habitants d'une terre réputée française possèdent des hommes au même titre que des habits et des chevaux. Il y a du reste moins de différence qu'il n'en paraît d'abord entre l'état social des colonies et le nôtre. Ce n'est pas après dix-huit siècles de guerre entre le privilège et l'égalité que le pays, théâtre et champion principal de cette lutte, pourrait supporter l'esclavage dans sa nudité brutale. Mais le fait existe sans le nom, et le droit de propriété, pour être plus hypocrite à Paris qu'à la Martinique, n'y est ni moins intraitable, ni moins oppresseur.

La servitude, en effet, ne consiste pas seulement à être la chose de l'homme ou le serf de la glèbe. Celui-là n'est pas libre qui, privé des instruments de travail, demeure à la merci des privilégiés qui en sont détenteurs. C'est cet accaparement et non telle ou telle constitution politique qui fait les masses serves. La transmission héréditaire du sol et des capitaux place les citoyens sous le joug des propriétaires. Ils n'ont d'autre liberté que celle de choisir leur maitre.

De là sans doute cette locution railleuse : « Les « riches font travailler les pauvres. » A peu près, en effet, comme les planteurs font travailler leurs nègres, mais avec un peu plus d'indifférence pour la vie humaine. Car l'ouvrier n'est pas un capital à ménager comme l'esclave ; sa mort n'est pas une perte ; il y a toujours concurrence pour le remplacer. Le salaire, quoique suffisant à peine pour empêcher de mourir, a la vertu de faire pulluler la chair exploitée ; il perpétue la lignée des pauvres pour le service des riches, continuant ainsi, de génération en génération, ce double héritage parallèle d'opulence et de misère, de jouissances et de douleurs, qui constitue les éléments de notre société. Quand le prolétaire a suffisamment souffert et laissé des successeurs pour souffrir après lui, il va, dans un hôpital, fournir son cadavre à la science, comme moyen d'études, pour guérir ses maitres.

Voilà les fruits de l'appropriation des instruments de travail ! Pour les masses, des labeurs incessants, à peine l'obole de la journée, jamais de lendemain sûr, et la famine, si un caprice de colère ou de peur retire ces instruments ! Pour les privilégiés, l'autocratie absolue, le droit de vie et de mort ! car ils ont les mains pleines, ils peuvent attendre. Avant que l'épuisement de leur réserve les contraigne à capituler, le dernier plébéien serait mort.

Qui ne se rappelle les misères de 1831, quand le capital s'est caché par crainte ou par vengeance? Du fond de leur fromage de Hollande, les barons du coffre-fort contemplaient froidement les angoisses de ce peuple décimé par la faim, en récompense de son sang versé au service de leurs vanités bourgeoises. Les représailles de la grève sont impossibles.

Les ouvriers de Lyon viennent de les tenter. Mais à quel prix! Soixante mille hommes ont dû fléchir devant quelques douzaines de fabricants et demander grâce. La faim a dompté la révolte. Et n'est-ce pas un miracle même que cette velléité de résistance? Que de souffrances n'a-t-il pas fallu pour lasser la patience de ce peuple et le raidir enfin contre l'oppression!

Le pauvre ne connait pas la source de ses maux. L'ignorance, fille de l'asservissement, fait de lui un instrument docile des privilégiés. Écrasé de labeur, étranger à la vie intellectuelle, que peut-il savoir de ces phénomènes sociaux où il joue le rôle de bête de somme? Il accepte comme un bienfait ce qu'on daigne lui laisser du fruit de ses sueurs, et ne voit dans la main qui l'exploite que la main qui le nourrit, toujours prêt, sur un signe du maître, à déchirer le téméraire qui essaie de lui montrer une destinée meilleure.

Hélas ! l'humanité marche avec un bandeau sur les yeux, et ne le soulève qu'à de longs intervalles pour entrevoir sa route. Chacun de ses pas dans la voie du progrès écrase le guide qui le lui fait faire. Toujours ses héros ont commencé par être ses victimes. Les Gracques sont mis en pièces par une tourbe ameutée à la voix des patriciens. Le Christ expire sur la croix, aux hurlements de joie de la populace juive excitée par les Pharisiens et les prêtres et, naguère, les défenseurs de l'égalité sont morts sur l'échafaud de la Révolution par l'ingratitude et la stupidité du peuple, qui a laissé la calomnie vouer leur mémoire à l'exécration. Aujourd'hui encore, les stipendiés du privilège enseignent chaque matin aux Français à cracher sur la tombe de ces martyrs.

Qu'il est difficile au prolétariat d'ouvrir les yeux sur ses oppresseurs ! Si à Lyon il s'est levé comme un seul homme, c'est que l'antagonisme flagrant des intérêts ne permettait plus l'illusion à l'aveuglement même le plus obstiné. Alors se sont révélés les trésors de haine et de férocité que recèlent les âmes de ces marchands ! Au milieu des menaces de carnage, de toutes parts accouraient pour l'extermination canons, caissons, chevaux, soldats. Rentrer dans le devoir ou périr sous la mitraille, telle est l'alternative posée aux rebelles. Le devoir du travailleur lyonnais, l'homme-machine, c'est de pleurer la faim, en créant jour et nuit, pour les plaisirs du riche, des tissus d'or, de soie et de larmes.

Mais une si dure tyrannie a ses dangers : le ressentiment, la révolte. Pour conjurer le péril, on essaie de réconcilier Caïn avec Abel. De la nécessité du capital comme instrument de travail, on s'évertue à conclure la communauté d'intérêts, et par suite la solidarité entre le capitaliste et le travailleur. Que de phrases artistement brodées sur ce canevas fraternel! La brebis n'est tondue que pour le bien de sa santé. Elle redoit des remerciements. Nos Esculapes savent dorer la pilule.

Ces homélies trouvent encore des dupes, mais peu. Chaque jour fait plus vive la lumière sur cette prétendue association du parasite et de sa victime. Les faits ont leur éloquence ; ils prouvent le duel, le duel à mort entre le revenu et le salaire. Qui succombera? Question de justice et de bon sens. Examinons.

Point de société sans travail ! partant point d'oisifs qui n'aient besoin des travailleurs. Mais quel besoin les travailleurs ont-ils des oisifs? Le capital n'est-il productif entre leurs mains, qu'à la condition de ne pas leur appartenir ? Je suppose que le prolétariat, désertant en masse, aille porter ses pénates et ses labeurs dans quelque lointain parage. Mourrait-il par hasard de l'absence de ses maîtres ? La société nouvelle ne pourrait-elle se constituer qu'en créant des seigneurs du sol et du capital, en livrant à une caste d'oisifs la possession de tous les instruments de travail ? N'y a-t-il de mécanisme social possible que cette division de propriétaires et de salariés ?

En revanche, combien serait curieuse à voir la mine de nos fiers suzerains, abandonnés par leurs esclaves ! Que faire de leurs palais, de leurs ateliers, de leurs champs déserts? Mourir de faim au milieu de ces richesses, ou mettre habit bas, prendre la pioche et suer humblement à leur tour sur quelque lopin de terre. Combien en cultiveraient-ils à eux tous? J'imagine que ces messieurs seraient au large dans une sous-préfecture.

Mais un peuple de 32 millions d'âmes ne se retire plus sur le mont Aventin. Prenons donc l'hypothèse inverse, plus réalisable. Un beau matin, les oisifs, nouveaux Bias, évacuent le sol de la France qui reste aux mains laborieuses. Jour de bonheur et de triomphe ! Quel immense soulagement pour tant de millions de poitrines, débarrassées du poids qui les écrase ! Comme cette multitude respire à plein poumon ! Citoyens, entonnez en cœur le cantique de la délivrance !

Axiome : la nation s'appauvrit de la perte d'un travailleur ; elle s'enrichit de celle d'un oisif. La mort d'un riche est un bienfait.

Oui! le droit de propriété décline. Les esprits généreux prophétisent et appellent sa chute. Le principe essénien de l'égalité le mine lentement depuis dix-huit siècles par l'abolition successive des servitudes qui formaient les assises de sa puissance. Il disparaîtra un jour avec les derniers privilèges qui lui servent de refuge et de réduit. Le présent et le passé nous garantissent ce dénouement. Car l'humanité n'est jamais stationnaire. Elle avance ou recule. Sa marche progressive la conduit à l'égalité. Sa marche rétrograde remonte, par tous les degrés du privilège, jusqu'à l'esclavage personnel, dernier mot du droit de propriété. Avant d'en retourner là, certes la civilisation européenne aurait péri. Mais par quel cataclysme? Une invasion russe? C'est le Nord, au contraire, qui sera lui-même envahi par le principe d'égalité que les Français mènent à la conquête des nations. L'avenir n'est pas douteux.

Disons tout de suite que l'égalité n'est pas le partage agraire. Le morcellement infini du sol ne changerait rien, dans le fond, au droit de propriété. La richesse provenant de la possession des instruments de travail plutôt que du travail lui-même, le génie de l'exploitation, resté debout, saurait bientôt, par la reconstruction des grandes fortunes, restaurer l'inégalité sociale.

L'association, substituée à la propriété individuelle, fondera seule le règne de la justice par l'égalité. De là cette ardeur croissante des hommes d'avenir à dégager et mettre en lumière les éléments de l'association. Peut-être apporterons-nous aussi notre contingent à l'œuvre commune.

1834-185..

LE COOPÉRATIF

I

COOPÉRATION ET RÉACTION

Que de déceptions, que de pièges pour les prolétaires dans ces merveilleuses promesses du
coopératif!

On verra bientôt surgir de tous côtés, avec des
raffinements progressifs, les enseignes à la mode:
mutualité, crédit gratuit, etc., véritables boutiques à trappe, où les pauvres oiseaux appâtés
laisseront leurs plumes. Qu'est devenue l'idée au
milieu de ce débordement de spéculations? On
n'entend plus que le jargon de la banque, crédit,
débit, échéance, profits et pertes, gages, garantie, billets, escompte, etc. Pas trace du cœur ni
de la pensée, rien que la manipulation matérielle.
On dirait des automates de Vaucanson fonction-
nant sur cette terre avec la machine à compter.
La justice et la morale ne se montrent de loin en
loin que balbutiant des mots vagues, toutes héris-

sées de formules algébriques, en très humbles
servantes et sujettes de sa majesté le Roi-Chiffre.
Or, on sait trop ce que c'est que le royaume des
chiffres... un coupe-gorge ! et le peuple, qui ne
l'ignore pas, n'a garde de mettre le pied dans cette
forêt de Bondy et refuse de s'engager sous bois,
autant et plus même en compagnie des blouses
que des habits.

Octobre 1867.

... Il serait bon d'avoir le compte rendu du
congrès de Genève, ainsi que le journal _la
Coopération_, afin de traiter à fond cette question
du coopératif. Elle est capitale, car c'est par ce
chemin que le peuple passe insensiblement à
l'ennemi, sans s'en douter. Il serait donc essentiel
de se procurer ce qui a été écrit et s'écrit tous les
jours sur ce sujet. On y trouverait de grandes
ressources polémiques. Peu à peu, en effet, et
sans même y prendre garde, le langage des coopératifs s'identifie avec celui de la réaction. Il
m'est tombé sous la main le numéro 21 de la
Coopération (16 juin 1867) où se trouve un article
(Benjamin Rampal) répondant aux deux genres
d'adversaires du coopératif, le conservatisme et
la Révolution. C'est fort instructif. L'argumentation contre la droite n'est qu'un vain simulacre,
masquant à peine l'identité des intérêts ; contre

la gauche, c'est une insigne mauvaise foi, et toujours le raisonnement à côté de la question...

Juin 1867.

Courrier français du 29 juillet 1867.—Le *Courrier français*, organe du coopératif et du progrès social par le crédit mutuel, ne pouvait pas patauger indéfiniment dans le petit coopératif prolétaire. Le voilà qui se lance dans le *grand* coopératif entre *nababs*, suivant sa propre expression. Celui-là sera mieux vu et mieux accueilli des industriels millionnaires et mettra le *Courrier français* en très bonne odeur dans le monde respectable. Allez donc ! Quand on prend du galon on n'en saurait trop prendre. Après avoir prêché aux prolétaires les chiffres en place des idées, la substitution des spéculations privées au socialisme solidaire et fraternel, les prédicants se tournent vers les gros bonnets, vers les véritables spéculateurs, ceux qui s'entendent dans cette besogne du gain impitoyable, et ils trouvent alors à qui parler. Les nababs sont là dans leur élément, l'égoïsme individuel, et ils y profiteront comme le poisson dans l'eau.

Ainsi, ce fameux coopératif, inventé pour le salut du prolétaire, revient à sa vraie destination. À la bonne heure.

Juillet 1867.

Article Ch... sur le coopératif. Amas de contradictions, alternative perpétuelle de oui et de non, d'approbations et de blâmes. Aboutissez donc à quelque chose avec un pareil système ! Dire le pour et le contre, prêcher le blanc et le noir tout le long d'un article ! Quelle Babel !

Août 1867.

Liberté du 18 août 1867. — Article sur la paix et le congrès coopératif exilé de Paris.

Adhésion et éloges à la coopération, prétendu instrument de délivrance. Aveu que le pouvoir n'en a voulu que comme d'un instrument, et a constamment essayé de le dominer, de l'absorber, d'en faire un moyen de gouvernement. La répugnance du peuple à subir ce joug irrite le pouvoir qui passe de l'approbation à la défiance, puis peut-être à l'hostilité.

Dans tous les cas, la preuve est faite que le coopératif n'a jamais été, pour les gouvernants, qu'un moyen nouveau et plus adroit de dominer les masses et de paralyser leurs tendances révolutionnaires.

Août 1867.

Le peuple a deux ennemis mortels, l'ignorance et la misère, double cause de servitude. Il ne peut donc être affranchi que par le bien-être et par l'instruction.

Or, tout espoir d'affranchissement n'est qu'un rêve, une utopie en présence de l'impôt, de l'agiotage, de l'exploitation capitaliste qui maintiennent la misère, et devant l'éducation cléricale qui perpétue l'ignorance.

Cette fantasmagorie de la délivrance, qu'on fait miroiter aux yeux du peuple dans le coopératif, n'est qu'un feu follet, destiné à l'égarer hors du droit chemin, dans un sentier sans autre issue que la déception et le découragement.

Septembre 1867.

Article L... sur le coopératif lyonnais. Quelques détails intéressants sur les opérations des sociétés ouvrières. Style amphigourique et mélodramatique d'hiérophante Proudhonien. Il paraît comprendre singulièrement les craintes du congrès de Lausanne sur la quatrième et la cinquième classe. Est-ce un idiot ou un jésuite? J'inclinerais assez pour le jésuite.

Octobre 1867.

Écho du Parlement, cité par le *Devoir de Liège*.
— Éloge des sociétés coopératives et exhortations à imiter les ouvriers de France, d'Angleterre, d'Allemagne qui y cherchent la panacée universelle.

Panégyriques ardents de toutes les maximes d'efforts individualistes, en dehors du gouvernement : *Forward ! Self-help ! Self-respect !* Tire-toi d'affaire comme tu pourras, mais surtout ne t'occupe pas du gouvernement et laisse-le fonctionner en paix, à sa guise.

Tous les journaux réactionnaires, sans distinction, les feuilles gouvernementales sont unanimes dans leur enthousiasme pour le coopératif et le recommandent au peuple. Elles savent bien ce qu'elles font et comprennent qu'on a trouvé enfin dans cette invention le meilleur, le plus sûr moyen d'étouffement des tendances révolutionnaires des masses.

Novembre 1867.

Un arrêt de la Cour de Lyon décide qu'un membre de société coopérative n'a pas le droit de se retirer, en abandonnant les versements déjà faits, même quand la société n'est pas encore formée, ni le capital social réalisé. Les petits versements successifs qu'on avait pris l'engagement de faire doivent se continuer jusqu'à la constitution du capital, et les membres n'ont pas le droit de se retirer.

Décembre 1867.

Lettre d'un Lyonnais, L..., qui sent bien le vice fondamental de la coopération, tout en la prêchant. Il comprend que l'égoïsme individuel est au fond de ce système, et il s'élève contre l'immoralité des bénéfices. Mais il serait plus facile d'arrêter l'eau qui coule que d'empêcher l'homme travaillant pour lui seul de viser aux bénéfices. La mutualité est un vain mot.

Janvier 1868.

Rapport de Hubert Delisle sur la loi de réunion. — Grand éloge du coopératif et développement des avantages que Bonaparte s'est efforcé de lui accorder pour en favoriser les progrès. Concluez.

Mai 1868.

Banquet aux *Vendanges de Bourgogne* pour célébrer l'achèvement de l'édifice élevé par l'association des ouvriers maçons et tailleurs de pierres, et destiné à servir de siège social à la société.

Invitations adressées à plusieurs économistes, tous anti-socialistes et champions de la doctrine officielle et malthusienne, François Huet, Emile Durier, Horn et le transfuge Darimon. Ledit Darimon a bu à la santé des dames.

Ce toast sent son monde. Voici les ouvriers qui entrent dans le grand ton et se mettent au genre de la haute. Signe des temps. Résultat naturel du coopératif et de ses tendances bourgeoises et corruptrices. Les égoïstes tirent leur épingle du jeu, se séparent de la tourbe des faméliques et forment une troisième caste qu'on peut confondre d'ores et déjà avec la seconde, caste de bourgeois cupides, matériels et sans entrailles.

Mai 1868.

Le coopératif, dans la pensée du gouvernement, avait le même but que la caisse d'épargne, désarmer et endormir le prolétariat par un mirage de bien-être. Combinaison plus savante, quoiqu'elle ait échoué et même abouti à un résultat tout révolutionnaire.

Il ne s'agissait plus, en effet, d'une entorse brutale à l'économie politique, mais, au contraire, d'une application rigoureuse de ses doctrines. Il n'en coûtait plus à l'État ni un sou, ni un geste. L'épargne pour moyen, la capitalisation pour but, consécration du vieil ordre et reniement du socialisme, tel était le programme. Le peuple se déclare lui-même très humble serviteur et vassal de la science officielle. Il signe la déchéance du travail et proclame la productivité, autrement dit, la souveraineté du capital.

Ainsi l'avait rêvé la réaction, et son rêve a paru d'abord se réaliser. Le congrès de Genève inaugurait hautement le système pur de l'économisme. Tout sans l'État, rien par l'État. Indifférentisme politique et religieux. La coopération fondée sur l'intérêt légitime du capital. Anathème aux idées de 48. Proudhon lui-même condamné dans sa guerre à l'usure.

Ainsi parlaient à Genève, au nom des sociétés coopératives, les ouvriers délégués par l'*Association internationale*. Et la presse entière d'applaudir à cette abjuration, par le peuple lui-même, de ses anciennes folies révolutionnaires. Devant ces rétractations solennelles, les hommes de l'égalité baissaient la tête. Ils l'ont relevée depuis. Car tout ce qui avait triomphé à Genève, en 1866, chancelait à Lausanne en 1867, s'écroulait à Bruxelles en 1868, et a disparu à Bâle en 1869. L'idée communiste a ressaisi la victoire, écrasé l'individualisme, et, dans le camp bourgeois, l'allégresse a fait place à la consternation.

1870.

II. — 8*

II

SOCIÉTÉS COOPÉRATIVES

Fondation d'une société coopérative à Charleval (Eure), commune de 1.500 âmes.

Il y a là des dividendes, des intérêts, tout le mécanisme de l'économie politique officielle, le règne du capital.

La société a formé une bibliothèque communale dont elle prête les livres à 5 centimes le volume par quinzaine.

Toujours le système capitaliste et ses conséquences.

Février 1868.

Article Lock sur l'achat, par la société coopérative des fondeurs en fer, des marchandises saisies chez Dubois-Caplain pour refus de payement des droits d'octroi. Les marchandises achetées ont été restituées à Dubois-Caplain par

Brosse, le gérant de la société coopérative. L'article Lock dit :

« ... Ce trait est la preuve que les efforts faits « de différents côtés, et dans des vues moins diver- « gentes en réalité qu'en apparence, pour créer ou « entretenir une hostilité impolitique et désas- « treuse entre ouvriers et patrons, n'ont pas « obtenu tout le résultat que l'on avait pu s'en « promettre. »

Les insinuations de ces orléanistes sont faciles à comprendre.

Novembre 1867.

SOCIÉTÉ DE CRÉDIT

Si c'est un crédit moral, l'assurance d'un appui mutuel, d'une solidarité fraternelle dans la défense des intérêts communs, rien de mieux. Mais un cré- dit dans l'acception banquière du mot, un crédit d'argent à prix d'argent, un prêt à usure d'un taux quelconque, ce serait, pour la presque tota- lité des travailleurs, une voie fatale qui les condui- rait à la ruine.

Octobre 1867.

SOCIÉTÉ GÉNÉRALE ENTRE OUVRIERS
DU BATIMENT

Projet de statuts. Cette société doit durer quatre-vingt-dix-neuf ans et sa dissolution ne peut être ni demandée ni consentie.

. Liste des trente et un membres de la commission, élue le 29 septembre pour rédiger les statuts.

Cette société est une véritable reconstitution de l'ancienne corporation. Elle tend à mettre tout le corps d'état entre les mains du *conseil de direction.*

Le gouvernement, si ombrageux pour tout ce qui ressemble à l'association, si prompt à réprimer, laisse faire. Donc il a la main dans l'entreprise qui se fait ainsi de son consentement et sous son patronage tacite. Il ne paraît pas, afin de ne pas donner de soupçons. Mais il serait par trop niais de croire qu'il laisserait ainsi se constituer une puissance matérielle formidable, si elle ne se constituait pas à son profit et à sa disposition.

Novembre 1867.

LA BOULANGERIE COOPÉRATIVE

Constitution définitive de la *Boulangerie coopérative* au capital de 50.000 francs, versable par les sociétaires, jusqu'à concurrence de 20 francs, en quatre-vingts semaines, à 25 centimes par semaine, ou plutôt soixante-seize semaines, et 1 franc de première cotisation.

Le journal *la Coopération* assure qu'il se disait tout haut dans les groupes de sociétaires qu'*un protecteur d'un ordre élevé* compléterait le capital de 50.000 francs, si les sociétaires ne le fournissaient pas eux-mêmes.

M. Chemalé, l'un des membres actifs et dirigeants des sociétés coopératives, repousse hautement l'assertion du journal. Il ajoute que, si les sociétaires ne pouvaient fournir *immédiatement* la somme de 50.000 francs, *quelqu'un* mettait ladite somme à la disposition de la commission administrative, le jour où les registres constateraient l'engagement de 2.500 sociétaires pour chacun 20 francs.

M. Tolain, du *Courrier français*, appuie et confirme la dénégation de M. Chemalé au sujet du *protecteur* et dit aussi qu'*une personne*, désirant aider la formation de la boulangerie coopé-

rative, a offert la somme de 50.000 francs dans ce
but, somme que la société est libre d'accepter ou
de refuser.

« *Quelqu'un* » ? « *Une personne* » ? Qui donc ?
Quel est ce *quelqu'un* ? Quelle est cette personne ?
Pourquoi ne la nomme-t-on pas ? Le public saurait alors si cette personne est un *protecteur d'un
ordre élevé* ou pas élevé.

Décembre 1867.

III

PROJET DE DISCOURS

Citoyens, je prends la parole, l'esprit obsédé de doutes pénibles que je ne puis taire. Quand il s'agit de la cause des masses, la franchise est le plus impérieux des devoirs, et la duplicité, ce vice toujours odieux, devient alors un véritable crime. Car le peuple, simple et loyal, n'a pas de défense contre l'astuce, et sa bonne foi en fait une dupe facile. Je dirai donc ici toute ma pensée, nettement, sans ambages, et j'espère qu'on ne cherchera pas à l'étouffer. Cette violence d'ailleurs ne profiterait pas à l'intrigue et ne ferait que démasquer ses projets.

Pourquoi le siège du congrès de l'Association internationale, fixé d'abord à Lausanne, a-t-il été transféré à Paris? Quel est le motif de ce changement? Les noms des premiers convocateurs ne sont plus ceux des seconds. A qui, des uns ou des autres, appartenait le droit de convocation? Où puisaient leur mandat MM... qui ont convoqué le congrès à Lausanne pour le 2 septembre, et MM. Horn et Paul Blanc qui l'ont convoqué à Paris pour le 16 août ?

On ne saurait s'y méprendre, ces deux appels contradictoires ne révèlent pas seulement un désaccord au sein de ce pouvoir hypothétique qui se qualifie Bureau, ils accusent surtout des menées plus que suspectes. La fixation du congrès à Paris n'a pu avoir lieu qu'avec l'agrément préalable du préfet de police. Or, personne n'ignore qu'en France la politique et l'économie sociale sont rigoureusement bannies de toute réunion publique. L'autorisation n'est accordée qu'à ce prix. Ainsi, par le fait seul de la convocation à Paris, les ordonnateurs du congrès ont expulsé du programme les questions politiques et sociales et l'ont réduit à une thèse de *doit et avoir*, à une pure affaire commerciale. Le prétendu congrès n'est plus qu'une réunion d'actionnaires et tombe dans la catégorie des assemblées financières dont on voit traîner les comptes rendus à la quatrième page des journaux.

Que telles soient les vues du gouvernement, rien de plus naturel. Mais que le bureau, devenu l'instrument de cette volonté ou de ces désirs, ait ainsi placé la coopération sous la main et à peu près dans l'antichambre du préfet de police, voilà qui a un peu droit de surprendre. Est-ce donc là que devait aboutir si vite ce mouvement coopératif, chanté sur toutes les lyres, comme l'œuvre de salut et de délivrance de la classe ouvrière? Ne ferait-il, par hasard, que revenir à son point de départ? Vraiment, pour qui en a suivi la marche d'un œil attentif, ce dénouement n'est pas une surprise.

Le congrès de Genève de l'an dernier laissait déjà pressentir ce qui arrive aujourd'hui. Oui, dès ce moment, disons mieux, dès le début, la main puissante, bien qu'invisible, du pouvoir était derrière cette machine coopérative et en manœuvrait tous les ressorts. Les scènes de Genève n'ont été qu'un des symptômes révélateurs. Qu'a-t-on vu là? Une assemblée, soi-disant cosmopolite, qui appelait à sa libre tribune tous les penseurs de l'Europe, amis ou adversaires, et qui les a jetés dehors à coups de pied, au premier mot d'opposition qu'elle a deviné sur leurs lèvres. Et ses orateurs officiels, une fois en possession du monologue, quels oracles ont-ils rendus, en face des prolétaires dans l'attente? Écoutons ces merveilles :

1° Déclarer le divorce complet et permanent du travail et de l'État ;

2° Écarter, comme étrangère et inutile, la question religieuse ;

3° Organiser la coopération d'après l'économie malthusienne, en lui donnant pour drapeau le socialisme Proudhonien; proclamer, en principe, le droit exclusif du travail, et en réalité le faire passer sous les fourches caudines du capital.

Tel est, en substance, le résumé des doctrines exposées à Genève. Voyons un peu cela.

« Le divorce de l'État et du travail ? » — Quant à présent, plût au ciel !... si c'était possible. Mais dévoilons d'abord le fond de notre propre pensée. La grande association nationale, autrement dit l'État, ne restera pas toujours ce qu'elle a été jusqu'ici, une gendarmerie des riches contre les pauvres. L'économie politique la veut maintenir telle : Nous la rêvons, nous, dans l'avenir, un immense atelier libre, avec toutes les divisions du travail, et une société générale d'assistance mutuelle. Nous n'en sommes pas là aujourd'hui, hélas !... va donc pour le divorce !... oh ! oui, le divorce !... si ce n'était pas une plaisanterie. Car, où doit aboutir, par exemple, ce mot stupide des meneurs coopératifs : « Écarter, comme étran-« gère et inutile, la question religieuse ? »

S'il vous plaît, quel est le grand obstacle aux progrès de l'association dans le peuple, sinon l'ignorance qui rend la faculté de groupement inaccessible à la presque totalité des travailleurs ? Or, ignorance et question religieuse ne sont qu'une même question, et cette question est si peu étrangère au coopératif qu'elle en est la clé, au contraire, la clé unique..., comme elle est la clé de tout, au surplus. Cette clé, le gouvernement la détient, et il peut, à volonté, la mettre dans sa poche ou à la serrure. Que devient dès lors le prétendu divorce? Par la question religieuse, l'État est l'arbitre absolu de l'organisation du travail. Telle est la réalité.

Cette coopération est une étrange créature, un être hybride, moitié Proudhon, moitié Malthus, ou plutôt Malthus en chair et en os, coiffé de quelques semblants de loques Proudhoniennes. On colporte partout l'idole en triomphe, la larme à l'œil, avec de grands cris de joie : « Voici la « bonne-nouvelle! Voici le vrai, le bon socia- « lisme! Le mauvais est mort. Ses forfaits l'ont « tué. Le peuple lui dit : *Raca!* et abjure ses « vieilles erreurs. Il renie ses extravagances « de 48 et pousse même le repentir jusqu'à jeter « aux ordures le mot : *association*, en châtiment « de ses crimes. Il remplace ce mot coupable par « l'humble terme de *coopération*, qui exclut toute « intrusion de la pensée et ne comporte que la « notion d'attelage, plus conforme à la modestie « de ses aspirations. Dignes et excellentes basses « classes! »

Erreur, messieurs! Le peuple n'a rien renié, rien abjuré, rien jeté à l'égout. Le socialisme de 48 a été proscrit, voilà tout, et ce n'est point par le peuple. La proscription n'est pas un argument, et le libéralisme, en trépignant avec tant de mépris le corps d'un supplicié politique, montre seulement toute sa joie d'avoir été débarrassé d'un ennemi par la main d'un adversaire. Hum! il lui a bien donné un petit coup d'épaule à cet ex-allié.

Patience! ces morts-là ressuscitent quelquefois. Mais, pour le quart d'heure, c'est vrai, le socialisme de 48 est toujours dans son sépulcre. On ne lui a jamais permis d'en soulever la pierre. Ses gardes ne s'endorment point. Depuis seize ans, il est muet comme la tombe, et il n'a pas mis un seul de ses cheveux dans la toilette du coopératif. Toute la place demeure au socialisme Proudhonien qui fait beaucoup moins peur, surtout depuis qu'on voit comment l'entendent et l'appliquent ses prétendus adeptes. Pauvre Proudhon! Eût-il jamais soupçonné qu'un enfant, son fils putatif, emmaillotté de ses doctrines, serait tenu au baptême, choyé, baisé, éduqué et prôné par l'économie politique de Malthus et Cie?

Il faut s'entendre pourtant. Oui, en 1848, il y avait en présence et aux prises deux socialismes: l'un, celui de Proudhon, fondé sur l'individualisme tempéré de mutualité gratuite; l'autre, anonyme, basé sur l'association générale progressive. Ni l'un ni l'autre ne pouvaient triompher alors. Ces victoires-là ne sont pas l'affaire d'un jour. Ils ont succombé également. C'étaient des frères ennemis. Mais ces frères, au milieu de leurs hostilités acharnées, n'en conservaient pas moins une ressemblance essentielle qui attestait la communauté d'origine, et qui leur a toujours permis de porter le même nom. Tous deux faisaient une guerre sans quartier à la tyrannie capitaliste et proclamaient l'illégitimité de l'intérêt sous toutes ses formes, rente, loyer, fermage, primes, etc.

Ils ne reconnaissaient de droit qu'au travail. Ils n'en accordaient aucun au capital. Cette doctrine n'est pas seulement la vérité scientifique, mais encore la plus haute morale. En effet, le travail, c'est l'homme; le capital, c'est la matière. L'homme seul agit, le capital n'agit pas. Il n'est qu'un instrument inerte entre les mains du travailleur. Il n'y a donc aucune part à lui faire dans le produit.

Ce n'est point ici le lieu de réfuter les sophismes de l'économie politique en faveur de la rémunération du capital. Ce serait un hors-d'œuvre qui déborderait mon cadre. Il suffit de rappeler que les deux socialismes en lutte, le mutuellisme et l'association, malgré leur divergence radicale, s'accordaient néanmoins sur le point décisif, l'illégitimité de l'intérêt. Ce n'est pas tout sans doute. Mais qu'on demande si c'est peu, aux propriétaires, aux hommes de finance, d'industrie et de négoce. Sans méconnaître les difficultés de l'organisation du travail dans les deux systèmes socialistes, et c'est précisément à propos de cette organisation qu'éclate leur antagonisme, on peu

avancer hardiment que l'essence même du socialisme gît dans cette formule : *Illégitimité de l'intérêt du capital.*

Si donc, comme s'en vantent ses fondateurs,
comme le répètent avec complaisance ses journaux, la coopération est une fille bien élevée du
socialisme Proudhonien, c'est bien le moins
qu'elle eût dû choisir pour assise le seul point de
doctrine qui fasse Proudhon socialiste. Loin de
là, le *tant pour cent* est son dieu et le capital son
souverain seigneur. Elle repose sur la même
base que toutes les sociétés commerciales possibles, — anonyme — en participation — en
commandite. Qu'on lise ses statuts, ses comptes
rendus, tous ses manifestes, c'est l'argot de la
finance, sans un point de plus, sans une virgule
de moins. Amende honorable aux pieds du *laissez-
faire* et du *laissez-passer*; triomphe complet de
cette économie politique sans entrailles qui jette
les victimes par millions dans l'engrenage dévo-
rant de la concurrence,... et l'on peut bien ajouter, de *l'offre* et de *la demande*; car il y a des
auxiliaires dans la coopération. *Auxiliaires!* mot
pudique pour déguiser *salariés*. Et qui sait si les
patrons à plusieurs têtes ne seraient pas plus
durs que les patrons monocrânes? Qu'on s'étonne,
après cela, des tendresses malthusiennes pour le
poupon coopératif !

Ses parrains disent aux prolétaires : « Ne vous

« inquiétez pas du gouvernement. Vous n'avez
« nul besoin de son aide. Ne lui demandez pas
« l'aumône de ses millions. Vous n'en avez pas
« le droit, et, d'ailleurs, ils vous seraient plus
« nuisibles qu'utiles. Tirez, sou par sou, de votre
« pauvre bourse, pour vous créer un capital, un
« instrument de travail, et, de ce jour, vous ces-
« serez d'être des salariés, des exploités, pour
« devenir des capitalistes, cumulant le double
« profit de l'intérêt d'abord, puis de la main-
« d'œuvre, sans prélibation. Voilà le vrai chemin
« de l'affranchissement et du bien-être ! Laissez
« donc là le gouvernement, et, loin de solliciter
« son intervention, faites plutôt des vœux pour
« qu'il ne se mêle pas de vos affaires. »

Et comment pourrait-il ne point s'en mêler,
puisqu'il est l'État ? Certes, le conseil serait admirable, s'il n'était une raillerie. On engage les
ouvriers à bâtir avec leurs centimes de *petites*
associations de dix, vingt, trente, cinquante,
cent personnes et à s'acoquiner dans ces recoins
pour tenir à l'œil le gérant et soigner la fructi-
fication du magot. Par cela même, en réalité, on
les dissuade de fourrer le nez dans la *grande*
association où vont s'engloutir les gros sous
jusqu'à concurrence de deux milliards et demi de
francs.

S'imagine-t-on, par hasard, que ce prélèvement
de deux milliards sur la production nationale soit

chose indifférente au bien-être des travailleurs,
et qu'ils n'aient pas plus à s'en soucier que des
montagnes de la lune? Et l'emploi de ces milliards est-il aussi pour eux sans intérêt? 500 millions de dette publique, dont le capital a passé
qui sait à quoi? 500 millions servant à empêcher
six cent mille hommes de travailler, 60 millions
alloués à l'Église, c'est-à-dire à la production
des ténèbres, 25 millions à la soi-disant instruction publique, souvent simple succursale des
sacristies, tout au plus manufacture de pénombre;
tout cela n'a-t-il aucune influence sur le sort des
masses? Comment ose-t-on leur dire de détourner leurs regards de l'État et de ne compter que
sur elles-mêmes?

Je sais bien ce qu'on va répondre : « Personne
« ne cherche à distraire les ouvriers de la chose
« publique, tout au contraire. On les presse
« vivement d'y prendre une part active. Qu'ils
« s'occupent de politique, c'est leur droit et leur
« devoir. Mais la politique est une chose, et le
« travail social en est une autre. Réclamer de
« l'État une bonne gestion des intérêts communs, c'est bien. Lui demander de l'argent
« pour leurs intérêts privés, comme ils l'ont fait
« en 48, c'est insensé. Il ne faut pas confondre
« deux questions distinctes et essentiellement
« différentes. »

« Différentes! Distinctes! » Mille et mille fois

non! La question est une et indivisible. J'accorde
que le budget ne commandite pas les associations
de travailleurs... Et encore! En supposant quelques avances, faites à fonds perdus, à des sociétés
ouvrières, contrairement aux axiomes sacramen-
tels de l'économie politique officielle, qu'est-ce
que ce chiffre de centaines et de mille, auprès des
milliers de millions semés à pleines mains sur
tous les grands chemins de l'Europe, de l'Asie,
de l'Afrique et de l'Amérique? Une rivière et un
verre d'eau! On jette les hauts cris pour le verre
d'eau répandu, on regarde en silence couler la
rivière. Et pourtant le verre d'eau a produit
quelque chose là où il est tombé, et le fleuve est
allé se perdre stérile dans la mer.

Mais point de chicanes! Supprimée la commandite du budget! Les ouvriers ne demandent
point d'argent à l'État. C'est l'État, au contraire,
qui leur en demande, et beaucoup, sous prétexte
des intérêts généraux. Leurs intérêts particuliers
ne souffrent-ils pas de cette saignée? Si la *grande*
association prend leurs sous, avec quoi pour-
ront-ils constituer le capital des petites? Et si
elle use mal des sommes prélevées, plus désastreux encore sera pour eux le mauvais usage que
l'excès de l'impôt. Car l'excès n'attente qu'à leur
bourse. Le mauvais usage peut tuer leur intelligence, source première de toute activité.

Évidemment, la cause principale qui paralyse

II. — 9*

la coopération, qui la rend dérisoire, en la circonscrivant d'avance dans un cercle imperceptible, c'est l'ignorance. La plupart des prolétaires n'ont pas les connaissances suffisantes pour juger par eux-mêmes la gestion d'une société, à plus forte raison pour y intervenir, et ils s'abstiennent par défiance. Ils craignent, à bon droit, d'être dupes et préfèrent la sécurité du salaire. Fût-il seul, et il n'en manque pas d'autres, cet obstacle suffit pour faire du *coopératif* une mystification.

Or, d'où vient l'ignorance ? « Du défaut d'instruction », dirait M. de la Palisse. Je me permets d'ajouter : Elle vient surtout de l'enseignement clérical qui a pour but et pour résultat l'extinction des lumières et l'abrutissement par la superstition. Si, au lieu de gaspiller 500 millions par an à tenir, dans une oisiveté qui les désespère, les six cent mille jeunes gens les plus robustes du pays, l'État consacrait cette somme à l'instruction publique et voulait organiser un enseignement sérieux, rationnel, basé sur la science, en moins de dix ans la transformation de la France serait complète. Tous les travailleurs devenus, d'instruments passifs, des citoyens éclairés, associeraient spontanément leurs intelligences et leurs bras, et le problème de l'organisation du travail selon la justice se trouverait résolu.

Par malheur, nous n'en sommes point là ; et

on se consume en luttes sans issues, en efforts impuissants. Considérons, par exemple, le mouvement coopératif, et voyons quelle est sa portée dans la situation actuelle. Il se présente sous trois formes : sociétés de consommation, sociétés de crédit, sociétés de production.

Les sociétés de consommation sont les plus faciles et les plus simples. On y risque peu. Mais elles ne peuvent conduire qu'à des résultats insignifiants, parfois même à des déceptions. Elles ne sont praticables d'ailleurs que dans les fortes localités. En somme, ce n'est qu'une amusette, pas même un palliatif.

Les sociétés de crédit sont déjà un péril pour les ouvriers, un mirage fascinateur qui les entraîne et les embrouille dans les questions ardues de comptes courants, d'échéances, d'intérêts accumulés, dans tout le dédale des combinaisons financières, où leur inexpérience risque fort de se perdre. Elles exigent une instruction qui en rétrécit singulièrement le cercle.

Quant aux sociétés de production, je les tiens pour le piège le plus funeste où puisse tomber le prolétariat. Il est manifeste qu'un très petit nombre de travailleurs seulement possède la capacité nécessaire pour de pareilles entreprises. C'est donc l'élite intellectuelle qui s'engagerait dans cette voie. Eh ! bien, dans cette voie, échec et succès seraient également un malheur.

L'échec, c'est la ruine et le découragement. Le succès, pis encore ; c'est la division des ouvriers en deux classes : d'un côté, la grande masse ignorante, abandonnée, sans appui, sans espoir, dans les bas-fonds du salariat ; de l'autre, une petite minorité intelligente, préoccupée désormais de ses seuls intérêts privés, et séparée à jamais de ses frères malheureux.

Voudrait-on, par impossible, écrémer le peuple, lui enlever ses protecteurs naturels, pour en faire une caste nouvelle, une espèce de demi-bourgeoisie, plus égoïste encore, parce qu'elle serait plus près de ses pièces, par conséquent plus ombrageuse et plus brutalement conservatrice ? Voilà donc le dernier mot de l'expédient bâtard qu'on a baptisé à son berceau de ce grand nom : *résurrection du socialisme*, et qui en est la négation, le tombeau ! C'est une amorce pour attirer le peuple hors de sa route naturelle dans une impasse aboutissant à des fondrières, pour le fourvoyer dans je ne sais quel enfantillage de spéculations, sans autre résultat possible que de souffler au malheureux ouvrier la fièvre continue du *profit et de la perte* qui dévorera sa vie et ne lui laissera plus une pensée pour la chose publique.

Il ne faut pas s'étonner si le congrès international vient siéger sur les bords de la Seine. A Lausanne, il eût été difficile peut-être de fermer encore une fois la bouche aux contradicteurs. A Paris on n'aura pas cette peine, puisqu'il ne leur sera pas permis de l'ouvrir. Cette rubrique coopérative est, sans contredit, le coup le plus puissant et le plus habile, frappé pour la sécurité quand même de l'ordre actuel; la preuve en est dans le désarroi et dans le tohu-bohu croissant de l'opinion depuis cette dérivation du courant populaire. Une telle victoire du conservatisme pourrait devenir la fin de la France. Car rien n'est fatal à une nation comme la sécurité absolue de son gouvernement. Il s'emporte alors vers les régions de la mort et rien ne l'arrête, tout le précipite.

Ah! l'on prétend émanciper le peuple à l'encontre même de l'action gouvernementale, avec de *petites* sociétés coopératives! Chimère! Trahison, peut-être! Le peuple ne peut sortir de servage que par l'impulsion de la *grande* société, de l'État, et bien osé qui soutiendrait le contraire. Car l'État n'a pas d'autre mission légitime.

Quelle est donc cette thèse nouvelle soulevée, en dépit de l'expérience et du sens commun, par une prétendue science qui s'intitule économie politique; thèse étrange, qui place toute l'activité d'un peuple en dehors de son gouvernement et l'en déclare radicalement indépendante? Une pareille doctrine est le plus audacieux démenti à l'évidence et à l'histoire, par conséquent une

sottise. Pis que cela, elle est une immoralité et
un crime.

L'histoire le proclame bien haut à la face des
siècles, ce sont les gouvernements qui perdent
ou qui sauvent les nations. Elles vivent et meu-
rent par eux. Tout sort d'eux, le bien et le mal.
Ils savent à merveille se faire honneur de l'un,
comment n'auraient-ils pas la responsabilité de
l'autre? Ils sont responsables de tout, de l'ignorance, de la misère, de la perversion des idées
et des mœurs, de la décadence et de la ruine
matérielle, intellectuelle et morale. Le pain du
peuple dépend d'eux aussi bien que son honneur.
C'est donc en toute justice qu'il leur impute ses
souffrances. On ne mange pas une bouchée sans
leur permission, pas plus en Angleterre qu'ailleurs, n'en déplaise à messieurs les économistes.
Ils nous tiennent par toutes les coutures. Quand
une nation, affligée d'un mauvais gouvernement,
n'a plus la volonté ou la force de le changer, elle
tombe en agonie et glisse peu à peu dans le
sépulcre. La question de gouvernement est une
question de vie et de mort.

Rien ne serait plus funeste que de détruire
cette vérité dans l'esprit des masses et de leur
persuader que leur bien-être matériel n'est pas
de la compétence de l'État. C'est ce qu'a tenté
la *coopération*, soufflée par l'économie politique
du laissez-passer et du laissez-faire, qui veut,

parait-il, qu'on passe et qu'on fasse, alors même qu'il n'est permis ni de faire, ni de passer. Elle a essayé de convaincre les prolétaires qu'il serait facile de marcher, pieds et mains liés. L'illusion ne sera pas longue. Ils s'apercevront qu'on ne peut pas faire route, les membres garrottés et un bandeau sur les yeux.

Dans les conditions politiques actuelles, il ne saurait y avoir d'utile aux ouvriers qu'une société d'assurance mutuelle pour la sauvegarde des droits du travail et de la résistance au capital. Toute tentative organique de production serait un faux pas et un anachronisme. Une telle entreprise n'a chance de succès qu'avec la liberté et la lumière.

Les travailleurs n'ont donc en ce moment qu'une marche à suivre : réunir leurs efforts pour se garantir contre l'autocratie du capital, puis pour obtenir :

1° La liberté complète de la presse, sans entraves fiscales, sans répression draconienne ; la liberté de réunion et d'association ; la liberté du colportage ;

2° L'affectation annuelle d'une somme de cinq cent millions à l'instruction publique.

C'est ici la question capitale qui décidera du sort de la nation. L'enseignement ne peut rester ce qu'il est aujourd'hui, une dérision, un éteignoir. Il doit être, non pas seulement gratuit et

obligatoire, mais complet. Savoir lire et écrire
ou ne rien savoir, c'est presque tout un. A quoi
bon un instrument dont il est impossible de se
servir ? Il faut apprendre à *tous* les Français sans
exception : la langue française, l'arithmétique, la
cosmographie et la géométrie élémentaires, la
géographie, l'histoire, le dessin, des notions
suffisantes de géologie, de physique et de chimie.
L'enseignement professionnel doit être organisé
partout sur une vaste échelle, pour l'agriculture,
l'industrie et le commerce.

Défense absolue à tout clergé de mettre le
pied dans les écoles.

De cinq à quinze ans, l'enfant acquerrait sans
peine toutes ces connaissances, et, si on voulait
les étendre aux adultes dans la mesure du possible, la dépense, au bout de trois années, se
couvrirait déjà par l'accroissement énorme de
la production. Qu'on joigne à ce système d'études
la liberté d'association et la liberté de la presse,
avant dix ans l'exploitation aura disparu et le
peuple sera son propre maître. On pourra commencer alors à parler de *self-government*. Pour
l'instant, le *self-government* est une pasquinade.
Il n'existe nulle part, pas même aux États-Unis,
où l'instruction des masses est beaucoup trop
rudimentaire pour comporter un tel degré de
civilisation.

Que si les prolétaires s'obstinent à barboter

dans de vains essais de *coopération* sans avenir, ils riveront leurs chaînes au lieu de les briser. Tout ce qui tend à les distraire des améliorations gouvernementales leur est mortel, et la première, la plus importante de ces améliorations, est la diffusion des lumières. Ils ne savent pas que l'instruction, c'est le pain aussi bien que la liberté, et que l'ignorance est à la fois l'esclavage et la misère. Si, à ceux qui ont vingt ans aujourd'hui, on avait commencé en 1857 à donner un enseignement complet, au lieu de vivre à la glèbe en humbles salariés, ils marcheraient les égaux de n'importe qui. L'instruction vaut mieux pour les hommes que cinquante Californies.

Hélas ! elle est gravement menacée dans notre pauvre pays, grâce à l'insouciance du peuple qui ne songe pas à la demander de sa grande voix, parce qu'il n'en sent pas le prix. Fatal aveuglement ! Oui, l'instruction perd constamment du terrain, tout le terrain que le cléricalisme gagne pied à pied, jour par jour, dans son infatigable marche de taupe. Ses écoles s'élèvent peu à peu sur les ruines des écoles laïques. Naguère il n'avait pas le quart de la totalité. Bientôt il en a eu le tiers, puis la moitié. La progression continue, rapide, et il poursuit fiévreusement ses conquêtes, que chaque année vient constater au milieu de l'indifférence générale. Tout ce qui est riche le sert et le pousse avec fureur. Quand il aura terminé son œuvre d'envahissement, quand l'éducation aura passé tout entière entre ses mains, alors la nuit sera faite sur la France, et le travailleur verra ce que la nuit lui apporte, ou plutôt il ne le verra pas, car on cesse de voir dans les ténèbres.

La *coopération* est venue en aide à l'ennemi, et s'est mise à démolir la Révolution en remplaçant son drapeau par le *doit et l'avoir*. Depuis 89, l'idée seule est la force et le salut des prolétaires. Ils lui ont dû toutes leurs victoires. La formule : Liberté! Égalité! Fraternité! renferme la vie matérielle autant que le progrès moral. Elle donnera au peuple le bien-être en même temps que la dignité. Qu'il ne sorte donc pas de l'idée pour se jeter dans la spéculation. La spéculation, c'est la voix de l'iniquité et des exploiteurs, ce n'est pas la sienne. Il y périrait.

Août 1867.

IV

CONGRÈS DE LAUSANNE

Liberté du 5 septembre 1867.—Compte rendu de l'ouverture, à Lausanne, du congrès international des ouvriers, par Fribourg.

Proposition des ouvriers génevois de déclarer qu'un peuple esclave ne peut résoudre le problème social, et que, par conséquent, la première réforme à poursuivre est une réforme politique.

Réponse jésuitique des délégués parisiens, agents des Tolain, Fribourg et Cie. Ils déclarent abonder dans ce sens. « Très certainement, » disent-ils, « on ne peut attendre d'un peuple « enchaîné des résultats *égaux* à ceux d'un « peuple libre. »

Première escobarderie: On ne peut attendre des « résultats *égaux* », ce qui implique qu'on peut toujours attendre des résultats quelconques, bien que moindres, d'où l'application naturelle

des proverbes : « qui trop embrasse, mal étreint »,
ou « le mieux est l'ennemi du bien », ou encore,
« il faut viser au possible, et ne pas demander
« tout ou rien », bref, la série des sophismes
hypocrites du juste-milieu et de la défection, qui
se masquent de l'intérêt pratique pour couvrir
leur lâcheté ou leur connivence avec l'ennemi.

Seconde hypocrisie. Les délégués refusent de
prendre part à un débat sur la proposition des
ouvriers génevois, parce que ce serait « donner
« à croire qu'il se trouve au congrès des délégués
« qui ne sont pas convaincus qu'un peuple ne
« vaut qu'en raison de sa liberté ».

O tartufes ! La vieille rubrique du jésuitisme !
Écarter une discussion parce que la discussion
supposerait la divergence. « Mais nous sommes
« tous d'accord ! Personne ne conteste. A quoi
« bon poser une question qui n'en est pas une ?
« Mettons cela de côté. N'en parlons plus. »

Et, en effet, ils ont écarté la question. Sans la
repousser, ils l'ont mise à la suite. Les Génevois
demandaient que cette proposition vînt en tête.
On l'a mise en queue. Quand le programme sera
épuisé, le temps aussi et la patience de l'assemblée, la question viendra et sera renvoyée
aux calendes.

C'est ainsi que procèdent les intrigants et les
escamoteurs. Faire le silence sur un sujet qu'on
abhorre, sous prétexte qu'en parler, c'est le

discuter, et que le discuter,·c'est le mettre en doute, alors que l'enthousiasme est unanime.

Septembre 1867

Refus d'autorisation du congrès coopératif à Paris par le préfet de police. Pure comédie et acte de prudence. La réunion à Paris du congrès international montrait un peu trop la connivence du pouvoir avec cette boutique de démoralisation populaire. Il est habile de lui donner des airs de persécutée, pour l'accréditer dans le peuple.

Août 1867.

V

GRÈVE ET COOPÉRATION

La grève est intelligible à tous ; c'est l'idée simple, la résistance à l'oppression. Tous s'y rallient.

La coopération, dans ses diverses formes, société de crédit, société de production, est une complication qui peut séduire les intelligences déjà développées, mais qui effraie les ignorants et les simples. Elle trouvera dix adhérents à peine et la grève dix mille.

A l'une la généralité, à l'autre de rares exceptions. Le drapeau qui rallie la masse n'est-il pas préférable à celui qui groupe quelques individus ?

La grève, malgré ses inconvénients, est le moyen naturel, à la portée de tous, auquel tous participent. La coopération n'est qu'un moyen accessible seulement aux plus instruits, suspect ou indifférent, ou même inconnu à tout le reste.

La grève est la seule arme vraiment populaire dans la lutte contre le capital.

Appuyées provisoirement sur la grève comme moyen défensif contre l'oppression du capital, les masses populaires doivent concentrer tous leurs efforts vers les changements politiques, reconnus seuls capables d'opérer une transformation sociale et la répartition des produits selon la justice.

Octobre 1867.

VI

LE MOUVEMENT COOPÉRATIF EN ALLEMAGNE

Article d'un docteur allemand, Max Hirsch, sur le mouvement coopératif en Allemagne.

Ce docteur, partisan du système Schultze-Delitzsch et du coopératif individuel, mentionne un congrès de deux mille ouvriers autrichiens, à Vienne, pour délibérer sur la fondation de sociétés de culture intellectuelle et de consommation, et pour réclamer la liberté des coalitions.

D'autres assemblées, aussi nombreuses, ont suivi la première, et une société d'ouvriers vient de se constituer à Vienne. Ils ont envoyé par le télégraphe un salut enthousiaste à M. Schultze-Delitzsch.

Le docteur ajoute en note: « Depuis que nous « avons écrit ces lignes, un changement soudain a « jeté une grande partie des ouvriers de Vienne « dans le camp socialiste. On ne s'étonnera pas

« de cette première conséquence d'un mouvement
« énergique, mais *mal préparé*. A l'aide de l'in-
« struction et de l'expérience, les braves ouvriers
« de Vienne reviendront assurément à nous. »

« A l'aide de l'instruction » dont il donne un
échantillon dans son article, ce brave docteur
bourgeois. En effet, après avoir passé en revue
diverses sociétés coopératives, il continue ainsi :

« Nous n'avons rien dit, jusqu'à présent, de
« plusieurs ligues ou grandes sociétés qui s'occu-
« pent aussi de la question sociale et exercent
« une influence considérable sur leurs milliers
« de membres. Ce sont les sociétés des compa-
« gnons catholiques, des compagnons réformés,
« puis l'alliance des maîtres de métiers, partisans
« des corporations ; enfin, l'union socialiste des
« sectateurs de Lassalle. Malgré la grande
« diversité des opinions, des tendances et de l'or-
« ganisation de ces quatre ligues, nous pouvons,
« d'un seul mot, les caractériser toutes ensemble:
« *C'est le passé voulant dominer l'avenir.*

« Les puissances du moyen âge, l'Église et la
« féodalité, et l'idée prédominante de l'antiquité,
« l'État tout-puissant, voilà les principes de ces
« quatre ligues qui renient toutes le mobile des
« progrès modernes, la liberté individuelle. Mais
« l'association sans la liberté, la liberté sans
« l'association, sont également infécondes. Nous
« sommes donc persuadés que toutes les tenta-

« tives des *partis rétrogrades* n'aboutiront qu'à
« des succès passagers... »
Des partis rétrogrades !

Il donne lestement ses qualités aux autres,

ce brave docteur ! Le *parti rétrograde*, c'est le
sien, celui de l'individualisme féroce, qu'il
appelle la liberté individuelle, et que nous appe-
lons la servitude individuelle. Jamais plus audacieuse contre-vérité. On la voit dans les usines
et fabriques, la liberté individuelle, sous la forme
de milliers d'ouvriers à l'état de serfs, manœu-
vrant au son de la cloche et sous le coup de
l'amende, et de milliers d'ouvrières à la glèbe des
mécaniques et à la merci de la lubricité des
patrons.

Mars 1868.

VII

L'INTERNATIONALE

Lettre d'E. A..., délégué de Rouen aux congrès de Genève et de Lausanne, secrétaire correspondant, écrite au *Journal de Rouen*, journal de la préfecture, sur l'annonce de poursuites en société non autorisée, intentées au bureau de Paris de l'*Association internationale*.

Après s'être plaint de poursuites inconcevables de la part du gouvernement contre des ouvriers qui n'avaient fait que se conformer aux recommandations du chef de l'État, l'auteur continue ainsi :

« ... Si l'*Association internationale* des tra-
« vailleurs n'avait, il y a bientôt trois ans, publié
« ses statuts, si elle avait caché son but ou tenu
« ses congrès clandestinement, nous compren-
« drions les susceptibilités de l'administration ;
« nous trouverions, au contraire, ses démarches
« très justes, parce qu'avant toute chose le gou-

« vernement d'un pays a le devoir de veiller à la
« sécurité de tous. Son droit est de s'assurer si
« quelque perturbation ne cherche à troubler
« l'ordre de choses établi. Mais qui ignore, dans
« le public, le but de l'*Internationale?* Qui ne
« sait qu'au congrès de Lausanne, c'est à la
« branche française que l'on doit qu'il soit resté
« entièrement sur le terrain économique, alors
« que deux ou trois membres étrangers faisaient
« tous leurs efforts pour que la politique occupât
« le premier plan ?

« Sous l'influence de la branche française,
« notamment des membres du bureau de Paris
« qui, à cause de cet appel au règlement, furent
« suspectés, une majorité de quatre cinquièmes
« conserva au congrès l'attitude qu'il devait avoir
« et qu'il a effectivement.

« Nous le répétons, nous nous refusons à croire
« que l'autorité veuille s'aliéner complètement
« *la partie du prolétariat qui pense.* Quelle
« confiance alors pourrait-elle avoir dans les
« promesses du 14 janvier, *elle qui y avait mis*
« *toutes ses espérances* ?

« Nous regretterions que l'administration éloi-
« gnât de son gouvernement les obscurs pion-
« niers de l'émancipation économique des masses,
« convaincus *qu'il n'y a de réformes durables*
« *que celles qui s'obtiennent par les voies*
« *pacifiques.*

« Confiants dans les décisions de la justice,
« nous attendons avec la plus grande confiance
« le retrait de l'accusation portée sur nos col-
« lègues et amis de l'*Internationale* de Paris. »

L'*Opinion nationale* publie un chaleureux
article en faveur de l'*Internationale* qui avait
droit à toutes les sympathies du pouvoir par son
amour de l'ordre, du calme et de la légalité.

« Les congrès de cette association », s'écrie le
journaliste, « ont-ils été turbulents, ont-ils
« menacé les convictions et effrayé les intérêts,
« comme il est arrivé à d'autres, réunis autour
« des thèses métaphysiques, vagues et indéter-
« minées, ainsi qu'on l'a pu voir à Genève et à
« Malines?

« ... Rien ne menace l'ordre public dans le
« programme de l'*Association internationale des*
« *travailleurs*. On a soigneusement éloigné de
« ses articles tout ce qui peut diviser les hommes
« et jeter le trouble dans leur essai de concorde :
« *hypothèses religieuses*, *opinions politiques*,
« rien de tout cela n'est en jeu dans ce projet
« d'union... »

On a voulu détruire le citoyen dans l'ouvrier,
le rendre étranger aux questions générales en
l'absorbant dans la poursuite exclusive de son
intérêt particulier, de son intérêt le plus animal,
à l'exclusion de son développement moral et
intellectuel. On a tenté de le réduire aux fonc-

II. — 10*

tions de l'estomac et de supprimer chez lui celles du cerveau.

Point de préoccupations philosophiques ou politiques, rien des questions religieuses, rien du gouvernement de la société, le boire et le manger, comme les brutes. A ce prix, le gouvernement favorisait de tout son pouvoir l'abdication du peuple. Mais il a suffi que tous ne voulussent pas se résigner à ce rôle purement bestial pour réveiller ses colères, ses terreurs et ses violences.

On supprime donc l'*Association internationale* qui est punie par où elle avait péché. Elle avait déclaré que les travailleurs pouvaient conquérir leur émancipation sans le concours du gouvernement, et en dehors du gouvernement, et sous n'importe quel gouvernement. Le gouvernement lui-même s'est chargé de démontrer la folie de cette prétention, en supprimant l'*Internationale*. Adieu le rêve et les chimères !

Les imbéciles seuls pouvaient s'imaginer qu'il soit donné à un peuple de s'affranchir, sans tenir compte du gouvernement, comme si l'État n'était pas le peuple en action, et qu'en dehors de cette action, il pût en surgir une autre arrivant à son but, sans toucher à l'action de l'État.

Mars 1868.

LES QUESTIONS ÉCONOMIQUES
AU PARLEMENT

I

LES ARTICLES 415 ET 416
CONTRE LES COALITIONS

Arrogance, cynisme, mauvaise foi, acharnement du rapporteur, Vatimesnil. Qu'est-ce que
Vatimesnil ? Un ministre de Charles X, un
membre du conseil supérieur des jésuites, l'homme
de Henri V et de Loyola, le représentant de la
faction cléricale et absolutiste. Ce royaliste, l'un
des arbitres de la République ! Qui l'eût cru ?

Tartine grotesque du sieur Barre. Ses divaga-
tions sur les coalitions agricoles, les mauvais sujets,
les fabricants de coalitions payés par l'Angleterre
qui fait des révolutions en France pour 12 millions
et demi, prix fixe, comme pour les petits pâtés.

On veut parquer l'ouvrier dans son indivi-
dualité d'atome, lui interdire tout concert pour

la protection de ses intérêts. Au nom de la liberté et de la dignité humaines, on s'élevait contre la limitation des heures de travail. « C'était « ravir aux ouvriers la libre disposition d'eux- « mêmes, attenter à leur personnalité. » En vain l'évidence montrait que cette prétendue liberté n'était que la pire des servitudes, la servitude de la faim, que l'ouvrier se trouvait amené, par une nécessité inexorable, à choisir entre la mort par la faim et la mort par l'excès de travail. Il choisit! donc il est libre! s'écriait-on. N'attentez pas à sa liberté !

Et maintenant qu'il s'agit en effet pour lui d'un peu de véritable liberté, qu'on réclame en son nom la faculté d'associer ses efforts contre l'oppression industrielle du capital, on prétend l'isoler dans son impuissance individuelle. Il n'est plus question de liberté. On ne parle que répression et châtiments ! Les poursuites, la prison, telle est la réponse aux plus légitimes demandes. « C'est la liberté du mal ! c'est « l'égalité du mal! » crient les ennemis du pauvre. On ne tenait pas ce langage lorsqu'il s'agissait de le garantir contre cette liberté dérisoire du travail sans limites, le plus cruel des esclavages! Ce n'était pas alors la liberté du mal! C'était sans doute la liberté du bien! Voilà donc la situation faite au peuple ! On lui accorde la liberté du suicide. On lui interdit celle de la défense. A ces brins d'herbe isolés qui se courbent et jaunissent sous le vent, on ne permet pas de se serrer en faisceau contre la tempête!

C'est ainsi que ces conspirateurs audacieux mettent le marché à la main ou plutôt le poignard sur la gorge aux prolétaires des villes et des campagnes, et qu'ils les placent entre un suicide matériel par la faim et un suicide moral par le sacrifice de leur liberté et de leur avenir!

Pour eux, l'ordre c'est la servitude, l'ilotisme du travail, le régime nègre. Ils ne trouvent de sécurité et de confiance que dans la dégradation morale et l'étiolement physique des races vouées à la glèbe du travail. L'ignorance et la docilité du cheval, tel est l'idéal que leur égoïsme rêve pour l'ouvrier. « Le travail est un frein », a dit l'homme d'État de cette caste. Un cheval ne sait ni raisonner ni désobéir. S'il rue quelquefois, on pare la ruade et le fouet fait justice. A propos des machines, Ch. Dupin a dit une parole profonde : « Ce sont d'infatigables ouvriers qui « ne font pas de bruit, point de coalitions, point « d'émeutes, qui ne réclament rien de leur « travail! » Ce mot est toute une révélation.

La *Révolution démocratique* du 4 janvier 1849, à propos des articles 415 et 416 du code pénal contre les coalitions, défendus par le pouvoir, dit :

« *Les ouvriers verront qu'ils ont eu bien tort de
« ne pas exiger de garanties sérieuses, alors
« que, maîtres de Paris, ils avaient voix au
« chapitre. »

Ainsi parle le journal de M. Ledru-Rollin qui
repoussait comme factieuse, anarchique et dictée
par le royalisme, l'adresse de la Société Républicaine Centrale des premiers jours de mars,
qui demandait la suppression des articles 415 et
416 contre les coalitions. On ne déblatère pas
avec plus d'impudence contre ses propres œuvres.
C'est le voleur poursuivi qui crie : au voleur !
plus fort que tout le monde.

« Le président de la République devait des
« étrennes aux ouvriers pour le vote du 10
« décembre. Voilà comment il paie sa dette..»
(Même journal.)

Comment M. Ledru-Rollin a-t-il payé celle du
24 février ? Pourquoi les articles contre les
coalitions étaient-ils encore à supprimer, après
quatre mois du règne de M. Ledru-Rollin ?

1849.

II

LE BILLET DE BANQUE

Léon Faucher : « Le Trésor a fait une excel-
« lente opération en empruntant à la Banque, à
« 4, de l'argent qu'il n'aurait pas trouvé à 6,
« avec une condition que n'eût admise aucun
« banquier, savoir que l'argent laissé dans les
« caisses de la Banque rapporterait intérêt.
« L'intérêt réel payé par le Trésor s'est trouvé
« par là réduit à 1 pour cent. » — C'est précisément cet appât qui pourrait bien ramener à la
charge. — « Les billets ne sont pas du papier-
« monnaie. Le papier-monnaie n'est pas rem-
« boursable et n'a pas de gage. » — Erreur. Les
assignats avaient pour gage les biens nationaux.
— « Le billet de banque n'est pas remboursable.
« Mais tout le monde voit dans les caisses une
« réserve égale à la somme des billets, suffisante
« pour répondre à toutes les demandes. » —
Étrange contradiction. Tout à l'heure Faucher
disait que cette réserve n'appartenait plus à la
Banque, que c'était de l'argent prêté qui ne
garantissait pas les billets. Il s'agit de savoir

la proportion de billets donnés sur dépôt de métaux. D'ailleurs partie de ces dépôts sont déjà prêtés ou engagés dans la rente. — « Le gage « des billets, c'est la réserve en espèces égale « presque à la valeur des billets circulant, et « en outre le capital de 108 millions, qui est « bien quelque chose. Ce n'est donc pas du « papier-monnaie. » — Alors pourquoi maintenir le cours forcé, si les billets sont garantis par une réserve métallique et par un capital monétaire égal à leur valeur ? C'est que la réserve et le capital ne sont plus à l'égard des billets que des valeurs fictives, une apparence, un semblant de garantie. Il y a de l'argent, là, dans les caisses, oùi, mais il n'appartient pas aux billets.

Raudot aborde nettement la question. Le cours forcé a changé les billets en monnaie.

Grande colère de Fould qui accuse Raudot d'exagération. Il affirme l'équilibre du budget pour l'année prochaine. D'ailleurs jamais le pays n'a payé plus de 1.200 ou 1.300 millions. — Grandes marques de surprise, le budget accusant 1.700 et 1.800 millions. — « On prend », dit-il, « la comptabi-« lité du budget pour la réalité des dépenses. C'est « une réalité compliquée dont on ne comprend « pas le mécanisme. » — Faites-le comprendre.

Harangue empâtée de Gouin, rapporteur. Il

ne répond rien aux arguments de Raudot.
« L'accroissement de circulation des billets est
« naturel. Il est dû à la réunion des succursales.
« Il est dû aussi aux nouvelles coupures de 100
« et 200 francs. » — Il oublie le troisième motif,
savoir le remplacement des opérations à terme par
le comptant, circonstance qui substitue les billets
de banque aux billets à ordre. Cette omission est
calculée. Elle rentrait dans l'argumentation qui
assimile les billets aux assignats. — « La Banque
« s'est obligée à prêter 200 millions. Elle n'en
« a remis que 20 au Trésor. » — Oui, mais le
traité engage ; et les 200 millions disponibles
pour le Trésor ne sont plus libres comme hypothèque métallique. C'est une réserve fictive, un
plat de pêches en plâtre peint.

Raudot se lève et dit : « Si je prouve que l'État
« ne peut pas rembourser la Banque, je prouve
« qu'il faut rejeter l'émission sollicitée, puisque
« vous faites des assignats. » — Grande colère.
— « En 1847, on a dépensé de plus qu'en 1837 :
« 516.244.251 francs 33 centimes. »—Les centimes
font toujours un effet merveilleux, — « Le déficit
« permanent monte à 300 millions par an. »

Fould explique le mécanisme de la compta-
bilité. C'est peu clair. Comme on pouvait s'y
attendre, il élague les frais de perception de
l'impôt indirect. Mais c'est une dépense tout
aussi bien que le traitement des fonctionnaires.

La raison est que ce ne sont pas des services de l'État, mais des frais d'exploitation. Qu'importe? Au surplus, c'est là le budget des dépenses, il faut voir le budget des recettes.

Delessert dit que le passif immédiatement exigible de la Banque de France est de 623 millions, couvert par une encaisse de 423. — La question est de savoir si cette encaisse est libre.

D'après d'Havrincourt, les billets de banque de 100 francs sont aujourd'hui très recherchés des habitants de la campagne qui en offrent une prime et les préfèrent aux écus. — Tout cela est fort singulier, car ce sont autant de faits qui donnent raison aux propositions de papiers hypothécaires et autres, faites par la gauche et repoussées avec des cris d'effroi. Il se trouve que le cours forcé popularise et accrédite les billets dédaignés et repoussés quand ils étaient remboursables à vue.

La gauche, silencieuse pendant la discussion, intervient par des amendements ayant tous pour but l'extension des billets de banque et leur transformation plus complète en papier-monnaie.

1849.

Vanitas vanitatum, et omnia vanitas! Il ne faut jamais dire : Fontaine, je ne boirai plus de ton eau ! Aveuglement des illusions humaines ! Lorsque, dans les deux assemblées, constituante et législative, la droite en masse, par un mouvement d'horreur, se soulevait contre les propositions de papiers hypothécaires et de crédit, lorsqu'au seul nom de papier-monnaie, saisie de colère et d'effroi, elle criait à cette apparition de l'enfer : *Vade retro, Satanas !* déjà le diable était installé paisiblement dans les goussets de la droite, sous la forme d'un billet de banque.

O éternelles bévues des hommes ! Ils croient à la perpétuité des formes et à l'instabilité du fond, tandis que le fond est aussi immuable que les formes sont mobiles. Que de batailles entre ces deux groupes opposés sur la question de papier-monnaie ! La gauche croyait de toute son âme à la résurrection du vieil écu de papier, dans sa livrée primitive, et la droite avait foi dans l'enterrement définitif des assignats quelconques. Double méprise ! Tandis que les plagiaires de 92 donnaient un gage réel à leurs billets, contrairement à la tradition, les fanatiques du métal fesaient déjà fonctionner la planche aux assignats, sans gage et sans garantie. Qui l'eût dit à ces champions des louis au soleil, qu'au milieu de leur tempête contre le chiffon, ils avaient eux-mêmes introduit l'ennemi dans leurs poches et dans celles du public ! Et vous, fidèles du saint tripot, pleurez ! Pleure,

Jérusalem, couvre ta tête de cendres, le billet de banque n'est qu'un assignat! Il porte le triple signe fatal, le Mané-Thécel-Pharès du crédit : Mané, chiffon de papier ; Thécel, sans gage ; Pharès, cours forcé.

Un des princes des prêtres l'a dit : Les billets ne représentent que des prêts accomplis. La Banque a prêté aux grandes industries ; elle a prêté aux villes ; elle a prêté à l'État. On ne la savait pas si prêteuse! Voyez la prévention. Elle a tant prêté qu'il ne lui reste en caisse que des débiteurs, des débiteurs plus curieux d'emprunts que de remboursements. L'assignat de 1850, comme son vénérable aïeul, a pour toute hypothèque les biens de l'État. Il chasse le pauvre numéraire, il envahit la circulation, il entre en maitre dans les coffres de ses plus ardents persécuteurs. *Abyssus abyssum invocat.* Le tentateur leur a dit : Adorez-moi et je vous donnerai tous les royaumes, toutes les richesses de la terre! Et, un beau jour, dénouement obligé de tous les pactes avec le diable, les mystifiés trouveront dans leur escarcelle, à la place du trésor, non pas une feuille de chêne, mais une feuille de papier.

1850

III

PROJET DE CAISSE DE RETRAITE POUR LA VIEILLESSE

Loi ridicule, témoignage de peur et d'hypo-crisie, efforts impuissants pour enchaîner les masses à une tyrannie croulante et les rallier par un intérêt égoïste au maintien de l'oppression générale. Cent mille primes de 20 francs pour appâter l'empressement et stimuler la hâte des simples ; véritable mât de cocagne, savonné de haut en bas, avec une timbale et une montre d'argent à la cime. Les cent mille primes placées, on retire l'amorce. Pauvres gens ! Ils iront loin avec leur caisse de vieillesse ! A 50 ans, on entre en jouissance. Quelle brillante perspective pour les ouvriers dont les quatre cinquièmes n'atteignent pas 50 ans !

1849

IV

LES LOGEMENTS DE LA CLASSE OUVRIÈRE

Rapport de Henri de Riancey sur les logements de la classe ouvrière. Tableau des bouges et des antres infects habités par les populations de tisseurs et de chiffonniers... « La misère est « malheureusement hors de la portée des gouvernements. Ils ne peuvent jamais prétendre « à la faire disparaitre, parce que, comme les « autres fléaux et les autres châtiments, elle est « placée sous la main de Dieu. Mais il faut « s'appliquer à en adoucir les rigueurs et « à en diminuer les ravages. » Dans le Midi et dans les villages, les logements sont passables. Les centres principaux de souffrance et de misère sont Mulhouse, Amiens, Reims, Lyon, Lille, Paris, Laval, Rouen. Tableau des bouges du prolétariat dans ces villes, tiré du rapport d'Adolphe Blanqui : « A Lille, il y a des milliers « d'enfants qui naissent seulement pour mourir

« d'une longue agonie. Le docteur Gosselet, qui
« a publié le chiffre des victimes, s'écrie en
« finissant : « A ce fléau, il faut une barrière. Il
« faut qu'en France, on ne puisse pas dire un
« jour que, sur 21.000 enfants, il en est mort,
« avant l'âge de cinq ans, 20.700 : 69 sur 70. »

Tableau de l'insalubrité et de la malpropreté des logements dans les quartiers populeux de Paris, par M. Frégier, chef de bureau à la préfecture de police, dans l'ouvrage intitulé : *Des classes dangereuses dans les villes.* — Voilà un titre significatif, suffisamment révélateur de la philanthropie et des sentiments fraternels de l'auteur.

Décembre 1849

V

IMPOT DES BOISSONS

C'est la grande question du jour, une des plus rudes pierres d'achoppement du pouvoir actuel. La Constituante lui a lancé ce trait, à la manière des Parthes, en fuyant, et le trait est resté dans la blessure. L'extraction est difficile et dangereuse. Les chirurgiens sont assez inquiets des suites de l'opération, car ils travaillent sur leur propre peau. Si elle réussit, le malade aura fait un pas de plus dans sa convalescence, et repris une nouvelle vigueur. Mais, au demeurant, le fond même de la constitution est attaqué; il y a lésion profonde et incurable des organes essentiels à la vie, et la convalescence ne pourra jamais être franche et définitive. Ce sera un retour fugitif et trompeur aux apparences de la santé. Le virus mortel continuera sourdement ses ravages, masqués par une bouffissure qui simule l'embonpoint. On ne rétablira pas l'impôt des boissons en France sans répandre de profonds mécontentements. Toutefois la mauvaise humeur n'ira pas jusqu'à

la révolte, et, la première fougue passée, la char-
rette reprendra tout bellement sa marche caho-
tante et pacifique. Le peuple oublieux retombera
dans sa somnolence ; mais il restera, de cet espoir
déçu et de cette colère évanouie, un rêve trouble,
mêlé à l'assoupissement des masses. C'est de quoi
les maîtres se soucient assez peu, oubliant à leur
tour que les cauchemars amènent le réveil.

Pradié a parlé avec une certaine vigueur. Il a
relevé les injures contre les *théories insensées*,
démasqué l'égoïsme avide des gens de finances et
signalé avec amertume la servilité de tous les
gouvernements envers cette caste, dont les intérêts, les exigences et la cupidité sont le seul
régulateur, la boussole unique de toutes les
mesures du pouvoir.

Attaquant l'impôt des boissons comme impôt
progressif en sens inverse des fortunes, il a fait
un appel ironique à tous ces zèles si emportés de
la droite contre ce principe, zèles qui éclataient
l'année dernière en fougueuses harangues.
« C'était beau ! » s'écrie l'excellent Pradié, « mais
« toute la beauté et tout le mérite de ce zèle s'éva-
« nouiraient bientôt, si le peuple venait à s'aperce-
« voir qu'il a sa source et son mobile, non pas dans
« une généreuse et patriotique indignation, mais
« dans un vil et méprisable sentiment d'égoïsme. »

II. — 11*

Pradié a fait à ce triste débris, nommé Kératry, la malice de citer un de ses discours de 1829, très incisif, très âpre, contre les privilèges de l'opulence et l'oppression qui règne sur le pauvre. C'est du socialisme très agressif et très acrimonieux contre les inégalités de fortune. Le style de 1829 valait bien celui de 1849, et ce n'est pas toujours avec cette précision, cette netteté, ce trait acéré qu'on entame aujourd'hui l'armure du privilège et de l'égoïsme.

Rien de misérable, d'abaissé, de nauséabond comme la palinodie de ce vieillard venant nier, à la face du soleil, le sens de son discours d'autrefois, et protestant de son profond respect pour l'impôt de son pays, jadis le but de ses accusations et de ses sarcasmes. Il paraît que l'ivresse n'a pas seule l'inconvénient de faire perdre la mémoire, et qu'on laisse aussi bien ses souvenirs au fond d'une révolution qu'au fond d'une bouteille. Que d'opprobre étalé à plaisir par tous ces prétendus défenseurs de la morale et de l'ordre, apostats sans vergogne, dont la parole d'aujourd'hui n'est qu'un réquisitoire contre leur parole d'autrefois, et le langage passé l'amère satire de leur langage présent !

Un certain M. de Charencey est venu ensuite débiter d'étranges aphorismes, et pousser de merveilleux arguments sur le chapitre des droits réunis. Il est clair que ces messieurs n'ont pas en tête forte partie, car ils sont peu scrupuleux sur la qualité de leurs syllogismes. Ils y veilleraient de plus près, si on les bafouait selon leur mérite. Quelle mystification pour la droite, si ses adversaires prenaient texte de ses raisonnements pour l'écraser sur place, et la fouaillaient avec les verges qu'elle vient présenter elle-même.

« Il est un principe généralement admis en « finance, » dit naïvement M. de Charencey, « c'est « que les meilleurs impôts, ou plutôt les seuls « bons impôts, sont ceux qui s'adressent à toutes « les bourses. L'impôt sur le luxe sera toujours « stérile pour le Trésor.

« ... La conséquence de ce principe, » continue l'admirable logicien, « c'est que les meilleurs « impôts sont ceux qui doivent être le plus géné-« ralement attaqués. Lorsque tous les citoyens « sont contribuables, vous comprenez quelle coa-« lition d'intérêts doit se former contre l'impôt, « dès qu'il parait ébranlé ! »

Voyez la dialectique ! Les meilleurs impôts sont les plus attaqués, d'où il suit que l'impopularité d'un impôt est la mesure exacte de sa supériorité financière et qu'il faut en juger la bonté d'après la haine du peuple !

Il apporte, en passant, son témoignage de l'effet désastreux de la taxe des 45 centimes. « Je « pourrais », dit-il, « rappeler ce sentiment d'ani-« mation que la surtaxe imprévue des 45 centimes

« a excité sur le territoire, et qui est à peine apai-
« sé, à l'heure qu'il est. Cependant cet impôt, on
« le supporte, ou plutôt on le subit, parce qu'il
« est d'une nécessité absolue. »

Oh! il n'était pas besoin d'une nouvelle attestation pour démontrer le coup fatal porté à la
République par cet acte de haute trahison. Jour
néfaste, jour maudit qui a précipité la France et
l'Europe dans les mains des plus implacables
ennemis de l'humanité, qui les a tirés du fond de
l'abîme, où ils se débattaient dans l'agonie, pour
les replacer au sommet de la pyramide, les pieds
sur la tête des peuples encore une fois terrassés.

Suivant M. de Charencey, l'impôt indirect est
admirable, non pas seulement parce qu'il est le
plus subtil, le plus sournois et le plus astucieux
des trous faits à la bourse des contribuables, mais
parce qu'il permet seul le système des emprunts
par sa mobilité progressive, par ses excédents
continus, gage de l'amortissement. Il est sublime
aussi par la nécessité qu'il impose d'un bon gouvernement, comme moyen d'accroissement du
revenu, à l'aide de la prospérité générale.

L'Angleterre citée comme modèle pour avoir
poussé sa dette jusqu'à des chiffres effrayants et
multiplié sans relâche ses taxes indirectes : idéal
des gouvernements.

Vertueuse philippique contre l'ivrognerie,
source de la plupart des crimes. Tableau lamen-

table des misères, des douleurs, des fléaux que le vin et l'eau-de-vie colportent sur toute la surface du territoire. Vœux de moralisation, de métamorphose dans le peuple. Anathème contre les liquides perturbateurs. Puis ce passage curieux :

« Quand la passion populaire s'empare d'une « denrée, elle n'hésite pas à donner satisfaction « au Trésor. Tout le monde sait dans quelle pro- « gression rapide et toujours ascendante se sont « élevés les droits sur les tabacs. Les tabacs ne « sont pas, que je sache, un objet de première « nécessité. Cependant on voit tous les jours user « immodérément du tabac des gens qui sont sous « le coup d'engagements pressants, et qui n'ont « pas de quoi suffire aux premiers besoins de leurs « familles. »

Habemus confitentem reum ! L'impôt se démasque et se trahit lui-même ! Il connaît la violence de certaines passions, le vin, le tabac, et c'est sur l'aveugle frénésie de ces entraînements qu'il assoit ses espérances de récolte. Analyste implacable des infirmités humaines, il sait bien que la passion est sourde, aveugle, que rien ne l'arrête, ni l'exorbitance des prix, ni la gêne domestique, ni les douleurs, ni la misère, ni les pleurs de la femme et des enfants, qu'elle sacrifie tout, bien-être, paix, bonheur, santé, devoirs, affections, et c'est sur cette démence que l'impôt spécule pour s'ouvrir une source intarissable. Le tabac, plus funeste à la bourse qu'à la santé, le tabac, ce besoin impérieux, tyrannique, ne coûterait au plus maniaque que de légers sacrifices. Mais le fisc est là, calculateur impassible et sans entrailles, qui pressure à outrance la passion dominatrice, sachant bien qu'elle ira jusqu'au dernier morceau de pain, jusqu'à la dernière chemise du ménage.

Et puis, l'impôt s'en vient, à la tribune, faire de la morale, de la vertu, de l'attendrissement. Il verse des larmes sur les malheurs et les dégradations de l'ivresse. Il trace des tableaux déchirants de ces familles infortunées, victimes du vice abject de l'ivrognerie. Il nous raconte, avec des gémissements, les souffrances, les larmes, la nudité lamentable de cette chaumière qui voit s'engloutir au cabaret le salaire de la semaine. Au cabaret ! Mais le fisc est de moitié avec le cabaret pour mettre sur la paille ces familles dont il vient ensuite soupirer les angoisses et sangloter les désespoirs. La dernière chemise de la femme, le dernier lange de l'enfant, vous le partagez avec le cabaret.

Quelle sincérité dans ces lamentations ! Quelle vérité dans ces anathèmes ! Quelle franchise surtout dans ces conseils vertueux, dans ces vœux de moralisation universelle ! Que ces prédicateurs de tempérance ont bonne grâce ! Comment accorder leur tendresse pour l'impôt et leur zèle pour la sobriété? Que deviendraient les 108 millions, si on prenait au mot leurs exhortations? Je suppose la France tournant au mahométisme, en matière de boissons, comme les peuples orientaux, ces modèles cités en exemple par un orateur, et saisie tout à coup d'une hydrophilie générale. Que deviennent les 108 millions, cette précieuse toison d'or, dont la conquête est en définitive le seul but des homélies et des désolations qui retentissent à nos oreilles? Ah! si les Français pouvaient se faire tout à coup buveurs d'eau? Comme ils attraperaient ce fisc si austère et si philanthrope, ce fisc si prude et si collet-monté, qui détourne la tête en allongeant les doigts.

Or, vous savez ce qu'amènerait la perte des 108 millions. On vous a tracé le sombre tableau des catastrophes qui suivraient un pareil déficit : la perte du crédit, la panique et la fuite des capitaux, la ruine de la production, le chômage universel, la suspension de la vie sociale, la banqueroute, les bouleversements, la destruction de la société. Cette lugubre série de désastres s'est déroulée par la bouche des champions de l'impôt. Voilà donc où conduirait la conversion générale des buveurs! D'où il suit que la France ne doit son salut et son existence qu'aux ivrognes, que les ivrognes sont aujourd'hui la providence, la planche de salut, l'unique ressource, l'ancre

de miséricorde de l'ordre social. Un peu de charité donc pour ces pauvres ivrognes qui vous
font celle de 108 millions, et ne leur jetez
pas des pierres en échange et en remerciement
de leurs écus. Ils viennent du cabaret, ces
écus sauveurs, et ils ne sentent pas plus le vin
que certains écus d'autrefois ne sentaient les
vespasiennes.

Discours de Frédéric Bastiat, divisé en deux
parties : 1° exposition des effets de l'impôt des
boissons ; 2° théorie du gouvernement à bon
marché, qui ne fait rien, ne se mêle de rien, se
bornant à appliquer la maxime : laissez faire, laissez passer. — L'impôt, prétendu imperceptible,
108 imperceptibles millions ! a transporté la culture de la vigne des coteaux pierreux, son domaine naturel, dans les plaines et les terrains
d'alluvion qui donnent de très mauvais vin. Mais
on en fait pour se soustraire aux droits. L'impôt
imperceptible a ruiné et dépeuplé certains pays.
De trois métairies on en a fait une seule, par
impossibilité de nourrir les familles des métayers,
de sorte que, depuis vingt-cinq ans, les décès sur-
passent les naissances.

Tableau de la voracité croissante du budget :
700 millions ; 1 milliard ; 1.500, 1.700 millions.
L'année commence avec un déficit de 600 mil-

lions et finira avec un découvert de 300 : « Je
« demande », s'écrie Bastiat, « s'il est bien pru-
« dent, en face de cette situation, de venir nous
« dire que ce qu'il y a de mieux à faire, c'est de
« rétablir tout juste les choses comme elles étaient
« auparavant... Oui, la nécesité existe, mais
« elle est double. Vous ne parlez que d'une. Il y
« en a une autre plus grave, renfermée dans ce
« seul mot : la révolution de Février. On l'a
« qualifiée de surprise ; je ne le crois pas. L'acci-
« dent pouvait être retardé. Mais les causes géné-
« rales ne sont pas fortuites. »

« La guerre aux impôts, » dit Montalembert,
« c'est la même guerre du socialisme contre la
« religion, la propriété, la famille, la société tout
« entière. »

La religion, si elle est fausse, c'est pour nous
un droit et un devoir de la combattre, comme de
redresser les abus de la propriété. La famille,
nous prétendons la purifier du mercantilisme et
des impudeurs qui la souillent. La société, nous
sommes résolus à la défendre contre une poignée
de dominateurs factieux qui se posent avec audace
comme étant la société tout entière.

« Il y a trop de boutiquiers, » s'écrie Faucher,
« c'est là notre plaie. J'ai mis de côté mes opi-
« nions de liberté commerciale dans un intérêt

« d'union. » Traduction : J'ai voulu rester possible et avoir un portefeuille.

Ch. Dupin fait l'histoire de la République, du Consulat, de l'Empire et de la Restauration. Si l'anarchie s'est déchaînée de 1789 à 1800, c'est que la Constituante avait déchargé l'impôt indirect pour tout reporter sur l'impôt foncier. Ce sont les droits réunis qui ont ramené l'ordre et sauvé la civilisation. C'est l'impôt indirect qui est la cause unique, le gage et la garantie de l'ordre, de la prospérité et du progrès. Plaisante argumentation et grotesque causalité !

L'impôt indirect est admirable, s'écrient tous les orateurs de la droite, en ce qu'il se déguise sous le prix des denrées et que le peuple le paye sans s'en douter. — Raisonnement de pick-pocket. C'est cet escamotage, cette adresse de tire-laine qui fait le mérite et la gloire de l'impôt. Ces messieurs sont de vrais Spartiates, admirateurs de la dextérité du filou. Plumer la poule sans la faire crier, voilà le sublime de la fiscalité. La question n'est pas de ménager la bourse du peuple, mais de la vider à son insu, d'y pratiquer des trous invisibles, de couper adroitement des mailles qui laissent couler les pièces *incognito*. Rançonner une nation à merci, sans lui fournir le prétexte d'une révolte, tel est l'idéal d'un bon système de finances. Théorie honnête par excellence. Il faut féliciter ces messieurs d'en être arrivés, en matière de républicanisme, à la morale lacédémonienne.

Mauguin a porté de rudes coups. « Prenez
« garde ! Si vous faites du communisme en matière
« d'impôt, tout en flétrissant le communisme dans
« vos lois civiles, on dira que vous n'avez d'autre
« mobile que l'intérêt personnel, l'intérêt de vos
« terres à vous, les terres de pré, de labour et de
« bois. La vigne, pour vous, n'est plus une pro-
« priété, parce que c'est la propriété des pauvres,
« des campagnards.

« Les détaillants vendent le vin le triple,
« jusqu'au quintuple du prix d'achat, et ce sont
« eux qui se plaignent, qui pétitionnent. Il y a là-
« dessous un mystère. C'est le fisc qui fixe les
« prix. Les détaillants ont le monopole. Ils sont
« fatigués de ce monopole. »

Défenseurs de la morale, exorciseurs des cabarets, qui foudroyez la bouteille et les ivrognes,
d'où vient que vous refusez d'élever le prix des
licences? On fermerait par cette mesure une multitude de débits. Pourquoi donc fulminer contre
les cabarets, invoquer à l'appui de l'impôt les
saturnales des cabarets, sanctifier la dureté des
exactions par la haine des cabarets, lorsqu'il suffirait d'élever le prix des licences pour les fermer,
ces cabarets? C'est que, si vous avez besoin de
réclamations vertueuses et de saintes indigna-
tions, vous tenez plus encore à la consommation

qui remplit vos coffres, et que les cabarets, ces objets de votre colère, le sont encore plus de votre sollicitude. Réduire le nombre des détaillants par une mesure fiscale, mais c'est un attentat au budget, un vol à la caisse. Non ! non ! des comptoirs ! des cabarets ! beaucoup de cabarets ! plus il y en aura, plus ils fourniront de textes à nos homélies et d'écus à la tirelire.

La théorie de Mauguin sur le communisme de l'impôt des boissons est quelque peu subtile. La doctrine régulière, dit-il, c'est la contribution suivant la fortune, mais non le rachat de la fortune et la rançon de la propriété. Louis XIV et le communisme, qui se prétendent propriétaires de tout, disent, au contraire : Tout ce que nous vous autorisons à posséder n'est qu'un don, une concession. En vertu de cette concession, vous devez telle rançon, telle redevance.

Tout cela est assez quintessencié. Ce qu'il y a de vrai, c'est que tout impôt, direct ou indirect, est une application du communisme, la mise en pratique de la doctrine qui donne à l'État l'omnipotence, l'omni-direction. Tout gouvernement est le représentant essentiel du communisme. L'impôt est la mise et la consommation en commun d'une partie considérable du produit général. Si l'impôt est évalué au sixième du revenu total, on peut dire hardiment que la France est communiste pour un sixième. Un gouvernement est la

mise en commun de toutes les forces d'un pays,
forces morales, intellectuelles, financières, militaires, etc. Cela est si vrai que Bastiat et les économistes, préconisateurs de l'action individuelle, en viennent à supprimer le gouvernement. Ils ne peuvent obtenir une suppression complète, ce qui suffit pour détruire et renverser leur principe. Ils sont obligés de conserver un gouvernement pour les fonctions de police et le maintien de la sécurité, ce qui ramènerait bientôt toutes les autres attributions.

Discours de Mathieu de la Drôme. Il propose un impôt sur les revenus mobiliers. Réponse aux champions de la morale. Il y a moins de vices sous le chaume que sous les lambris dorés. — Cris : C'est un discours de club! C'est un discours de cabaret! — Touchant accord entre le président et Montalembert. On lui passe les ignorantins; il passe l'impôt des boissons. Le contrat a été signé par devant l'Assemblée nationale. L'expropriation est à l'ordre du jour dans les campagnes. Le travail qui reprend, c'est celui des huissiers. — Il semble que les écus sont de trop noble race pour payer impôt à l'État. — Si on impose les revenus, les écus n'émigreront pas, l'intérêt de l'argent est trop bas en Angleterre. L'intérêt ne montera pas, parce que les capitaux étrangers viendront profiter de la hausse et l'arrêter. (C'est une question fort douteuse. Le taux de l'argent est exorbitant en Algérie. Il ne tient qu'aux capitaux de s'y porter pour recueillir les bénéfices de cette situation. Ils n'y vont pas pourtant, parce que la sûreté manque. Donc le haut prix de l'argent ne suffirait pas pour attirer les capitaux si, du reste, la sûreté était douteuse.)

L'impôt sur le revenu existe en Angleterre, en Saxe, en Suisse. L'Autriche et la Prusse vont l'établir; la Prusse, d'après le principe progressif. On le dit vexatoire; mais tous les impôts le sont, et celui des boissons plus que les autres. Tous les impôts sont frappés sur le pauvre; ils sont tous improportionnels., et demandent autant au pauvre qu'au riche. Exemples : l'impôt personnel, des portes et fenêtres, du sel, du tabac, de la poste, de l'octroi, des douanes. Tout est imposé, l'air, la lumière, la terre, les aliments, l'habitation, les vêtements. la locomotion. L'argent seul est exempt et ne paie rien. Un jour, la droite disait : « Si nous « pouvions détruire la misère, au prix de toutes « nos fortunes, nous n'hésiterions pas. » — « On « ne vous demande pas vos fortunes. Le peuple « ne réclame qu'une chose, c'est de ne pas le « faire payer pour le riche. La justice dans l'im- « pôt, et le peuple ne réclamera ni assistance, ni « caisses de secours et de retraite, ni prêts pour « les associations. Les pauvres se suffiront par-

« faitement, lorsque les riches voudront se suffire
« à eux-mêmes. »

Ah! parbleu! je le crois bien, et Mathieu nous
la donne belle. Peste! si les riches devaient se
suffire à eux-mêmes, il n'y aurait pas de riches.
L'orateur ne se doutait pas qu'il demandait tout
simplement la suppression des fortunes, sinon
des riches.

Discours de Benoit d'Azy contre les doctrines
subversives destinées à soulever le peuple contre
tous les impôts. Ce sont des moyens d'action, de
perversion vis-à-vis de malheureuses gens qu'on
porte ainsi à *supporter plus péniblement leur
misère.*

Le mot est naïf. Toute la question pour ces
messieurs, c'est que le peuple supporte sa misère,
et la politique par excellence, c'est d'engourdir
les sensations. Le fameux docteur Lélut a parfaitement révélé leur secret dans sa tartine sur
l'égalité, lorsqu'il dit : « Le peuple s'habitue à la
« servitude et aux souffrances avec une incroyable
« promptitude. »

« La France est malade de soixante ans de
« désordre. » Deuxième aphorisme de Benoit
d'Azy, qui appuie et développe merveilleusement
le premier. « ... En supprimant les rentiers de
« 1.200 et 1.500 francs, ceux que vous appelez
« les riches n'ont pas 100 millions de revenu en
« France. » Ceci, monsieur Benoit, est un peu fort.

« — Quand vous arriveriez à leur prendre la tota-
« lité de leurs richesses, vous n'auriez rien. » —
Ceci est mieux encore. Les riches n'ont rien, pas
un sou vaillant. Où il n'y a rien, le roi perd ses
droits.

« ... La· seule annonce d'un impôt sur le
« revenu, l'an dernier, avait jeté partout la per-
« turbation. Les capitaux avaient pris aussitôt
« leurs précautions pour mettre l'impôt à la
« charge des emprunteurs. » — Implacable ! le
capital, implacable ! Il ne veut pas payer et il ne
paiera pas. Sous ce rapport, la droite a raison, le
capital ne rendra pas son épée.

« ... Le taux de l'intérêt a baissé en Angle-
« terre, parce que les capitaux anglais cessent de
« venir chez nous et restent dans leur pays où
« l'affluence a fait baisser l'intérêt. Imposer les
« capitaux, c'est les éloigner et accroître les
« charges de la production par le haut prix de
« l'argent. Le jour où vous aurez l'ordre et la
« sécurité, les capitaux et le travail reparaî-
« tront. »

A la bonne heure ! Mais, sous Louis-Philippe,
la sécurité était grande et le capital très rassuré.
La rente était à 120, le prix de l'argent en proportion dans le commerce, et pourtant misère,
souffrance, accroissement continu de l'impôt,
déficit, engorgements, crises industrielles, désor-
ganisation croissante, tout cela s'est développé,

a grandi sous ce règne de l'ordre et de la tranquillité que l'on présente comme panacée universelle.

Réponse de Mathieu de la Drôme, qui attaque enfin la véritable question, non celle de l'impôt discuté, mais celle de la situation générale:

« ... Ce qui agite le pays, ce sont les lois contre
« la presse, contre le droit de réunion, contre le
« colportage. Ce sont les abus, les impôts odieux.
« Oui! certains hommes avaient peur de la presse,
« des clubs, du colportage, parce que les clubs
« et la presse enseignaient au peuple la vérité.
« Il peut y avoir parti pris de mettre le boisseau
« sur la lumière. Mais on n'y parviendra pas. Les
« choses et les hommes vont vite, et les idées
« vont plus vite encore que les hommes et les
« choses... L'impôt, c'est l'assurance contre les
« attaques des personnes et des propriétés. Or,
« toute prime d'assurance doit être proportion-
« nelle aux valeurs assurées. »

Ceci est une autre théorie de l'impôt, mais plus spécieuse que vraie. L'impôt est une application du communisme. Les assurances en sont également une forme.

Discours de Nadaud. Il s'élève avec amertume contre les outrages prodigués aux ouvriers, contre les imputations d'ivrognerie.

Charamaule bataille contre le ministre des finances sur les chiffres. Il appelle l'enquête un

II. — 12

leurre. Tous les orateurs la considèrent comme une moquerie, un trompe-niais. Pourquoi n'impose-t-on pas tous les objets de consommation?

Commencement de la déroute des amendements. — M. Prudhomme est très provocateur. « ... Donnez une espérance prochaine aux popu-« lations, elles ne traduiront pas leur impatience « en révoltes auxquelles les mauvaises passions « ont attaché leur avenir. Mon amendement a « l'avantage de tromper les calculs de ces pré-« tendus amis du peuple qui espéraient faire « sortir de cette question le triomphe de la Répu-« blique démocratique et sociale. »

Howyn de Tranchère, un enragé de la droite, mais représentant de la Gironde, se tourne contre l'impôt et traite l'enquête de vain palliatif, de feinte consolation, etc.

Discours de Jules Favre, le plus vigoureux et le plus agressif de tous ceux de l'opposition. Insinuation sur les projets du président de compromettre l'Assemblée et de se poser ensuite en destructeur de l'impôt abhorré. Excellente plaisanterie contre Ch. Dupin, qui dit : « La moyenne « des consommateurs qui ne paient rien paie « cependant 4 francs 50 de plus que la moyenne des « consommateurs qui paient tout. » Les fêtes de famille du pauvre se font au cabaret. Ce sont donc les joies de famille qu'on veut imposer et qu'on insulte. Les sorties contre les ivrognes retombent sur leurs auteurs. L'ivrognerie a pour cause la misère. Elle se développe à sa suite et croît avec l'abaissement des salaires. Quand l'homme n'a plus à manger, il boit. Nourrissez-le, il ne s'enivrera plus. Les ivrognes ne sont pas un pour cent dans les consommateurs de cabaret. Dans les grandes villes, tous les ouvriers prennent leur repas au cabaret, à la gargotte. Les familles pauvres achètent le vin au litre dans les cabarets. Sophistication, conséquence de l'impôt. Il n'aurait pas tant vécu sans cette vertu qu'admire M. de Montalembert d'avoir été caché. Il est démasqué.

Aperçu sur le budget. 420 millions pour la rente. D'où sort cette charge? 2 milliards de l'invasion, 1 milliard pour l'indemnité, la guerre d'Espagne, les fortifications, toutes les folies, tous les crimes de la monarchie, voilà la source de cette dette. — Le ministère de la guerre. — On fomente par l'impôt la sédition, on la réprime avec l'impôt transformé en soldats. — On a repoussé le projet Lamoricière qui économisait 150 millions, afin de prouver que la République ruine le pays. — L'Angleterre, pays d'oppression et d'iniquité où l'aristocratie écrase les travailleurs d'impôts et s'en exempte elle-même. Sur les 48 millions sterling, la propriété n'en paie

que 9. — C'est parce que la taxe se cache qu'elle
est mauvaise. Si vous aimez les taxes de consommation, mettez-en sur tout. Mais M. de Montalembert a été subitement illuminé par l'intérêt
personnel et a dit : Les taxes somptuaires sont
mauvaises, parce qu'elles diminuent la consommation des objets de luxe. Donc les taxes diminuent la consommation des objets de première
nécessité, du vin. Le ministre des finances dit :
Jeûnez! Le ministre de la guerre dit : Je vais
vous faire espionner et empoigner. Le ministre
de l'instruction publique nous ramène aux frères
ignorantins. — Nécessité d'imposer la fortune
mobilière. (Non! dit Benoît d'Azy. Les capitaux
émigreraient, ou feraient payer les emprunteurs
à leur place.) Défense de l'Assemblée constituante. La faute impardonnable que lui reprochera
la postérité, c'est de vous avoir cédé la place. Si
on ne satisfait pas le peuple, on pourra rencontrer devant l'urne la défaite et peut-être une
de ces colères terribles dont vous auriez la responsabilité. (On l'appelle factieux !)

Discours de Passy. La vigne s'est étendue ; donc
l'impôt ne l'écrase pas. Le vin se vend 11 francs
l'hectolitre, au lieu de 20 francs, comme sous l'Empire. C'est par l'amélioration des routes, c'est sur
les transports qu'a eu lieu la diminution. — La
vigne s'est multipliée. La quantité s'est accrue
par la fumure. Les goûts et les modes ont changé

pour le vin. Le bourgogne a perdu. Les pays vignobles se plaignent à cause de l'irrégularité des récoltes qui les fait passer de l'abondance à la misère. Puis la vigne absorbe les engrais et n'en rend point. Elle nuit aux céréales qui souffrent et deviennent aussi incertaines. Source nouvelle de plaintes. L'histoire est pleine d'édits restreignant la culture de la vigne, parce que les vignerons souffraient trop. Théorie de l'impôt direct : il a frappé les terres, mais en dégageant celles qui payaient la dîme. L'effet de l'impôt foncier est de diminuer la terre du montant du capital représenté par l'impôt payé. L'acheteur paie en conséquence de cette prévision. L'impôt foncier devient ainsi une rente perpétuelle payée à l'État. Le mal n'existe que dans le défaut de fixité de l'impôt. S'il constituait une rente fixe, immuable, perpétuelle, le propriétaire n'aurait rien à dire. En Angleterre, il y a un impôt foncier réglé, sous Charles II, à 50 millions. On autorisait les propriétaires à le racheter par des inscriptions de rente, 1.250 livres de rente pour 1.000 livres d'impôt. La rente annulée, l'impôt était racheté à toujours. 20 millions sur 50 l'ont été. — La vigne ne paie pas seule deux fois. La betterave paie, le sol avait payé. (Oui, dit Charamaule, mais le sucre de betterave retrouve ces frais-là dans les droits protecteurs contre les sucres étrangers.) Il faut dans les impôts la modération et la diversité, la diversité pour obtenir la modération. — Tableau sombre des finances. On ne pourra pas réduire de beaucoup les finances. L'Algérie coûte 100 millions, les colonies coûtent. On ne peut pas réduire de 100 millions le budget, et cette réduction même ne le mettrait pas en équilibre. On ferait des économies considérables qu'il faudrait toujours garder l'impôt des boissons, et, malgré ces économies, il faudra recourir à de nouveaux impôts. Péroraison sur la menace de J. Favre : « C'est un devoir, quand un pays se « trompe sur sa propre situation, quand ses « exigences ne sont pas conformes à ses véri- « tables intérêts, c'est un devoir de ne pas tenir « compte de ses exigences. C'est un devoir de « braver le péril, non pas seulement le péril du « scrutin, mais le péril des vindictes. Je demande « à M. J. Favre si, une opinion étant chez lui le « fruit d'une conviction profonde, tous les cris « d'un peuple ameuté l'empêcheraient de remplir « son devoir. »

Alors, pourquoi étrangler la liberté de la presse, au nom du suffrage universel et de la volonté du peuple ?

Réplique de Mauguin. Le prix moyen de 20 francs l'hectolitre, en 1800, n'est pas le résultat des frais de transport. C'est le prix de la récolte, le prix producteur que l'on a ainsi évalué, et nullement le prix marchand de la dernière main. En 1808, on récoltait 36 millions d'hectolitres qui, à 20 francs, donnaient 720 millions. La moyenne de la production était de 22 hectolitres par hectare. En 1848, on récolte 50 millions d'hectolitres qui ne valent plus que 10 francs, c'est-à-dire 500 millions ou 220 millions de perte sur 1808. — En outre, le régime prohibitif, établi en France, en 1822 et 1825, par la coalition des grands propriétaires de bois, de prairies, de terres, de forges et de forêts, a exclu le bétail d'Allemagne, et, par représailles, l'Allemagne a prohibé les vins français. Marché perdu.

Le régime prohibitif a accru le prix des substances alimentaires, des céréales montées de 19 francs 50 à 22 francs 50, de la viande et du bois. Les frais de la culture vinicole ont donc augmenté avec la diminution de la recette. Le ministre dit : « De quoi se plaint la vigne ? La moyenne des « exportations, très faible de 1830 à 1835, s'est « élevée en 1848 à 95 millions, et s'élèvera en « 1850 à 124 millions. » Pas un mot de vrai. Le tableau des douanes donne, pour 1848, valeur officielle : 75 millions, valeur actuelle : 67 millions. Trois genres de vins : hauts crus, vins de coteau, vins de plaine. Les vins de hauts crus font de très bonnes affaires, se vendent à l'étranger ; peuvent être frappés, ne réclament rien. —

Les vignes de coteaux, en terre sablonneuse, impropre aux autres cultures, sont ruinées et se plaignent. Toute la détresse est tombée sur elles. —Les vignes de plaine font de grandes affaires. Elles ont déplacé les céréales, les luzernes. Dans le Midi, on a planté 300.000 hectares de plaine en vignes nouvelles, et il y en a qui rendent jusqu'à 250 hectolitres par hectare. A 5 francs, c'est 1.250 francs par hectare. Un représentant du Gers dit que, chez lui, un domaine vendu 11.000 francs rapporte, en vignes, 11.000 francs de revenu (vignes de plaine). La Côte-d'Or, au contraire, a perdu. C'est l'impôt, c'est l'octroi qui a produit ce fait. On falsifie, on fabrique. Avec du trois-six et de l'eau, on fait du vin à discrétion. Les vins de Bourgogne ne peuvent pas lutter avec l'eau de la Seine et de la Gironde. Sur ce mot : la Gironde ! grandes réclamations de M. Desèze qui est du cru : « Ne calomniez pas la Gironde ! Oui, la « Gironde mêle de l'eau aux vins trop alcoolisés. »

Le commerce extérieur a perdu par suite de la fraude. En 1844, proposition contre la falsification des vins. Tout le commerce fraudait, et avec complicité de la régie. Un négociant qui veut augmenter un vin alcoolisé le *mouille* devant la régie, c'est-à-dire ajoute un quart, un tiers, moitié d'eau. La chambre des députés adopte une loi contre ces falsifications. La chambre des pairs la repousse, au nom de la morale publique, trouvant la fraude fort légitime. Ces abus ruinent et font tomber le commerce extérieur.

Réponse du rapporteur Bocher. La vigne a gagné en culture. Le prix des vins n'est pas tombé de 20 à 10 francs. L'année 1808 a été une année exceptionnelle de cherté. La moyenne de 40 années, jusqu'en 1849, donnerait un prix semblable au prix d'aujourd'hui. L'Assemblée constituante, qui a aboli l'impôt, était favorable à son principe, et entendait remplacer l'impôt supprimé par un autre portant sur les boissons. En juin 1848, Duclerc, ministre, a loué, à la tribune, le gouvernement provisoire d'avoir, par son décret du 31 mars, sauvé le principe de l'impôt sur les boissons. Nous demandons à être replacés dans la même situation que l'Assemblée constituante avant le 19 mai, puisque nous sommes en présence des mêmes embarras financiers, des mêmes nécessités politiques. L'impôt peut être amélioré. C'est pour cela qu'il doit être conservé. Le moyen d'arriver aux améliorations, c'est l'enquête, faite par l'Assemblée, en présence du pays, avec lui, afin que le pays reconnaisse la légitimité de l'impôt; s'il doit être maintenu, qu'il se soumette à sa perception, et qu'on ne soit pas obligé de *remettre sans cesse en question une taxe* qui rapporte à l'État 110 millions, une de ses plus certaines ressources.

Alors, à quoi bon l'enquête, et qu'est-ce qu'une

jonglerie pareille, quand on déclare d'avance la nécessité des 110 millions, l'impossibilité de les abandonner, et qu'on affiche sans vergogne le résultat obligé et préjugé de l'enquête, c'est-à-dire la bonté, la légitimité et l'inviolabilité de l'impôt. L'enquête n'est pas une satisfaction donnée au peuple, c'est une aggravation de son sort; car elle se donne pour mission de rendre l'impôt inattaquable, irrévocable et d'ôter jusqu'à l'espoir d'un soulagement dans l'avenir. C'est une condamnation et une menace.

Le discours du rapporteur Bocher, citoyen bas-normand, est une virulente philippique, une déclaration de guerre sans trêve ni merci. Que vient-on parler de proportionnalité de l'impôt! Il n'y a pas d'impôt proportionnel. C'est pour cela que la constitution de 48 a institué la proportionnalité. Elle la savait impossible. Elle a voulu simplement continuer la mystification des chartes de 1814 et de 1830. Ce n'est pas une mesure libérale, démocratique, un principe égalitaire qu'elle entendait proclamer. Loin de là, elle n'a déclaré l'impôt proportionnel qu'en haine et en condamnation de l'impôt progressif. Ce que les orateurs de la gauche invoquent comme une décision révolutionnaire n'a été qu'une manifestation rétrograde, un retour au passé, un maintien des doctrines monarchiques, un anathème contre les innovations de la démagogie.

Qu'est-ce donc que cet appel sans fin à la proportionnalité? Ne voit-on pas que la Constituante n'a inscrit ce principe dans son œuvre que dans un accès d'exaltation réactionnaire? Elle a voté la prolongation indéfinie de la dérision de 1814 et de 1830. Voilà la vérité! Ces deux chartes déclarent l'impôt proportionnel. Moquerie charmante, sarcasme monarchique du meilleur goût, bernement des Béotiens révolutionnaires. Il ne peut pas y avoir d'impôt proportionnel. Indiquez donc un seul des impôts indirects qui le soit. La Constitution les reconnaît cependant et les sanctionne. Il est donc clair que cette solennelle étiquette de proportionnalité, étalée sur le bocal constitutionnel, n'est qu'une mystification comme tant d'autres étiquettes d'apothicaires.

Proportionnel! L'impôt direct ne l'est pas lui-même. C'est un mythe, une chimère, une utopie, une décoration de papier au frontispice d'une baraque en toile, un programme de Saint-Ouen ou de l'Hôtel de Ville. De quoi vous plaignez-vous, d'ailleurs? On s'est tué d'efforts pour y arriver, à cette proportionnalité. On a épuisé les combinaisons et les artifices, pour s'en rapprocher dans la mesure de la puissance humaine, à preuve : l'exercice, les droits de circulation et d'entrée! Ingrats et injustes déclamateurs! Voyez plutôt! Le droit de détail n'est-il pas proportionnel, puisqu'il représente le dixième de la valeur moyenne des quantités vendues? Que voulez-vous de plus? Il saisit la moitié de toutes les quantités soumises à l'impôt. Inclinez-vous devant ce chef-d'œuvre d'équité! Il est vrai que c'est la moitié seulement, et que cette moitié coûte cinq fois plus cher aux pauvres que l'autre moitié aux riches, et que le droit de détail frappe l'ouvrier d'un impôt quintuple. Mais ayez le sens commun. Comprenez donc que la proportionnalité n'a pas d'autre application possible. Quelle injustice encore dans ces emportements contre les droits d'entrée! N'admirez-vous pas ici encore la fécondité d'expédients, la richesse d'imaginative, mise au service et à la recherche du proportionnel? Quel est le principe de la contribution mobilière, des patentes, des portes et fenêtres? C'est que la fortune des contribuables est en raison directe de la population des localités. Eh! bien, c'est aussi le principe des droits d'entrée. Paris a un million d'habitants. Ils paient tous le même droit d'entrée, parce qu'ils sont tous supposés très riches, attendu l'énormité numérique de la population, et dès lors aussi, un chiffonnier de la rue Mouffetard, habitant d'un chenil, est nécessairement beaucoup plus riche qu'un millionnaire relégué dans un hameau de 500 âmes, et il doit payer un impôt proportionnel à sa supériorité de fortune. C'est le culte du proportionnel poussé jusqu'au fanatisme.

Voulez-vous une autre preuve de cette idolâtrie? Vous la rencontrez dans le droit de circulation. Il est gradué suivant la valeur moyenne
des vins, établie d'après les ventes au détail.
Maintenant, les droits s'élèvent à mesure que la
denrée s'éloigne du lieu de production, c'est-à-dire
à mesure qu'elle acquiert plus de valeur et coûte
plus cher au contribuable. N'est-ce pas de toute
justice? Des hommes d'État vulgaires auraient
commis la faute de croire que l'impôt doit tendre
au rétablissement de l'égalité entre les habitants
des diverses provinces, et compenser, par un
allègement de taxes, l'accroissement de prix dû
aux transports. Leur ignorance en économie
politique aurait considéré le surcroit de prix
comme une charge, au lieu d'y voir une plus-
value, et en aurait fait un motif de dégrèvement,
au lieu d'un prétexte d'aggravation. Nous ne
sommes pas tombés dans cette erreur ridicule.
En effet, puisque les vins, par les frais de transport, acquièrent une valeur plus considérable, ils
ne sont plus denrée de première nécessité, mais
denrée de luxe. Qu'est-ce qui constitue les denrées de première nécessité? Le bas prix. Et les
denrées de luxe? La cherté. Donc, le vin est du
nécessaire dans les lieux de production qui le
donnent à bas prix, et du superflu dans les pays
éloignés où le commerce ne le transporte qu'à
grands frais. Ce serait une impiété d'en élever le

prix là où il ne coûte presque rien ; ce serait un crime de lèse-économie politique de ne pas le surcharger de taxes là où il est déjà très cher. Oh ! nous savons distinguer entre le nécessaire et le superflu. Nous aurions pu augmenter le revenu du fisc par une mesure bien simple. Dieu préserve ! Le prix des vins s'accroissant de tous les frais de transport et l'impôt étant proportionnel à la valeur acquise, il nous serait facile d'élever indéfiniment cette valeur imposable par le défoncement des routes. Mais nous saurons sacrifier au principe de modération l'intérêt même du Trésor.

Encore un exemple de notre passion de proportionnalité. Il y a des vins à 5 francs et à 1.500 francs. Eh ! bien, nous établissons nos taxes sur la valeur moyenne de tous ces vins, ce qui décuple pour le pauvre le rapport de l'impôt à la valeur, et, par compensation, le réduit au dixième pour le riche. Sublime invention que celle de la moyenne ! Les riches vivent 70 à 80 ans, les pauvres 30 à 40. On établit une moyenne et tout le monde est content, son brevet de longévité en poche. Sur 30 enfants, il en survit, à 25 ans, 2 chez les pauvres, 20 chez les riches ; vite une moyenne et personne n'est à plaindre. Voilà la véritable, la bonne égalité, celle qui établit un niveau fraternel entre tous les citoyens, et non cette égalité subversive et démoralisatrice qui procède par catégories, qui tend à créer des classes pour fomenter entre elles l'antagonisme et la guerre civile. L'égalité de la moyenne! Il n'y en a pas d'autre. Voyez plutôt. Voilà dix morts et dix personnes en belle santé. La moyenne, c'est vingt malades.

Le rapporteur Bocher ne manque pas non plus sa sortie contre les cabarets de campagne où il se dépense moins en six jours de la semaine qu'en une heure de foire ou de marché. Le pauvre ne va pas chercher au cabaret les boissons de sa famille, il va y engloutir ses économies. Pathétique protestation contre J. Favre qui accuse la droite d'endurcir son cœur et de fermer ses oreilles. Tous les représentants aiment le peuple, pleurent ses misères et veulent les soulager. Ils doivent à leurs vertus et à leurs services le mandat populaire. Dans les cabarets des villes, il y a les consommateurs honnêtes et les ivrognes, les uns dignes d'égards, les autres que la loi doit atteindre. Il faut distinguer, si c'est possible. — M. Mauguin ne veut pas supprimer l'impôt, mais le remplacer. Son amendement semble ne viser qu'à la suppression. Le remplacement est dans les commentaires. Épigramme contre la tactique de Mauguin qui s'adresse aux électeurs et au pouvoir en même temps. Remplacer les trois droits par la licence, c'est exempter les riches qui paient l'entrée et la circulation, pour tout rejeter sur les pauvres.

Péroraison altière et menaçante du rapporteur
Bocher contre la France révolutionnaire. Ulti-
matum catégorique. C'est le cri des royalistes
de 1830 : « Le roi ne rendra pas son épée! » Ici,
c'est l'impôt qui reste roi. L'impôt ne rendra pas
son épée! L'impôt représente la monarchie qui
l'a fait à son image. Il la porte dans ses flancs.
Il doit un jour la ressusciter. Il faut lui conserver
vie et force pour cette œuvre.

Discours de M. de Larcy. Celui-là est placé
entre l'enclume et le marteau. Carliste fougueux,
il est le représentant de l'Hérault, où l'on ne
plaisante pas sur l'impôt des boissons. Il voudrait
bien ménager la chèvre et le chou, le Trésor et
ses électeurs, la cause de la réaction et sa popu-
larité, et cette position équivoque lui arrache des
appels désespérés, tantôt à la gauche, tantôt à
la droite. — « Pas de transaction! » lui crie la
gauche. Et aussitôt, par représailles, Larcy lui
détache cette perfide apostrophe : « Vous désirez
« l'égalité des impôts. Vous souhaiteriez que le
« riche fût atteint dans sa consommation spé-
« ciale. Vous verriez avec un grand plaisir dès
« lors une taxe très forte sur les soieries, sur ces
« tentures qui couvrent les lambris dorés. »
Non pas! non pas! crie l'extrême gauche. — Non
pas! reprend Larcy. Ce : Non pas! échappé de vos
poitrines est la condamnation à tout jamais des
taxes somptuaires. — Vous ne voulez donc plus

de l'impôt sur le luxe? crie la droite avec des éclats de rire. — Nous ne voulons point d'impôts, dit Pelletier, pas plus sur le luxe que sur le reste. — Nous voulons un impôt unique, dit un autre.

Position embarrassante! Perplexité cruelle! Car Moullet s'écrie : « Une taxe sur les soieries « serait la ruine de cette industrie! C'est pour- « tant un objet de consommation à l'usage du « riche, par excellence. Et si on la taxe, on frappe « de ruine une immense population ouvrière. » Que répondre à cet argument? Il met à nu la faiblesse de la situation prise par la gauche. Elle s'est retirée des questions sociales pour échapper aux dangers des accusations communistes, et se tenir dans le terre à terre des luttes contre l'im- pôt, mieux comprises et plus populaires. Elle y gagne cet avantage d'une faveur plus générale et moins contestée. Mais à quel prix? et comme cet argument de l'impôt sur le luxe pourrait se re- tourner contre elle!

Alexandre Martin propose, pour remplacer l'impôt des boissons, un impôt de demi pour cent sur les capitaux des créances hypothécaires, des rentes perpétuelles sur l'État et les particuliers. — La proposition ne sourit pas à la droite.

Amendement vertueux et philanthrope de Dar- blay, repoussé avec un touchant ensemble. —

Lagrange attaque les moyennes, ce qui n'est pas trop niais, et propose que l'impôt soit proportionnel au prix de facture, avec des peines contre les fausses factures et le droit de préemption. Que le château-laffite, estimé 2.400 francs l'hectolitre, paie les droits d'après cette valeur. Défense du peuple contre l'accusation d'ivrognerie. En Bourgogne et dans le Midi, un ivrogne est un accident, une curiosité. En Bretagne, ils courent les rues, et les représentants de cette contrée sont ceux qui ont tracé les plus lamentables tableaux de cabaret.

Michot-Boutet, amendement : Tout débitant de vin à emporter est affranchi des quatre droits : de détail, de circulation, d'octroi, de licence. — On propose le renvoi à l'enquête. — Pourquoi? — Parce qu'il en résulterait un déficit dans l'impôt. Michot-Boutet a la malice de lire, à l'appui de son amendement, un passage du rapport qui fait l'étalage de sa tendresse pour le pauvre peuple, et de sa profonde sympathie pour les familles malheureuses qui paient le vin si cher au cabaret. « S'il est juste et moral de surtaxer « cette dépense, quand elle a pour objet de payer « de blâmables jouissances, il faut, par tous les « moyens possibles, la dégrever quand elle s'em-« ploie à satisfaire d'honnêtes nécessités. Ne « serait-ce pas, par conséquent, une bonne et « saine mesure que de faire deux parts de la

« population actuelle des cabarets ; de séparer la
« population paisible, régulière, si digne d'inté-
« rêt, qui vient y prendre, de temps à autre, avec
« ses économies amassées, la boisson qu'elle rap-
« porte à sa famille ? »

Eh ! bien, quelle difficulté, dès lors ? — Ah !
cela dérangerait les recettes. Le brave orateur
s'épuise en arguments qui tournent contre lui,
parce qu'ils menacent la recette. « Vous donnerez
« une prime, un encouragement aux affections
« de famille dont vous semblez vous être réservé
« le monopole. Le médecin prescrit l'usage du
« vin aux pauvres dont le travail et la mauvaise
« nourriture ont délabré l'estomac. La famille
« manque de pain peut-être ; mais le fisc est
« inexorable. Le malheur lui garantit la recette.
« — Mais non ! — Non ! Avez-vous vu qu'un
« père de famille malade ait obtenu remise des
« droits sur le litre de vin qu'il est obligé de faire
« acheter ? — Une voix à droite : On lui en donne.
« — Vous plaisantez, je pense. Vous ne me ferez
« pas croire que je suis né ce matin. »

Sur ce, le rapporteur recommence sa tirade
vertueuse et attendrie sur la partie honnête et
régulière des consommateurs de cabaret. Il les
plaint, il les estime, il les porte dans son cœur, il
leur souhaite mille prospérités... mais on ne peut
pas toucher à cette partie de l'impôt, sans compromettre le produit et les services. Ce sera

l'affaire de l'enquête, et bien décidément l'enquête n'est pas une porte laissée ouverte aux adversaires de l'impôt, un dernier retranchement d'où ils pourront regagner le terrain perdu, c'est un assaut décisif qui se prépare contre leurs théories. Il s'agit de légitimer à tout jamais l'impôt et de le mettre hors de page.

Il est bon de pleurer sur les pauvres familles ; mais que diable ! elles doivent se contenter de ces larmes officielles. Dix millions de moins sur la recette ! Allons donc !

Adoption de la loi par 418 voix contre 245, sur 663 votants. Un certain nombre de carlistes vinicoles se sont détachés de la majorité, par crainte de leurs localités.

Décembre 1849.

VI

SAINT-ÉTIENNE

ASSOCIATION DE RUBANIERS

Sa fabrication de rubans, l'activité de ses métiers depuis dix-huit mois, les gains considérables des maîtres et des ouvriers, l'accroissement de sa population. Depuis 1848, association immense des ouvriers rubaniers, dite Société populaire. Réunions par cinq. Existence connue, moyens occultes. Heures de travail fixées de 6 heures du matin à 7 heures du soir. Vitres brisées, quand les métiers battent plus tard. Un compagnon gagne 6 francs par jour, moitié du prix de façon. Le maître ouvrier, qui fournit le métier, le logement et la soupe, gagne l'autre moitié de la façon.

1849.

II. -- 13*

LUTTE ENTRE LES FABRICANTS ET LES OUVRIERS

L'association des ouvriers rubaniers, organisée en 1848, sous le nom de Société populaire, a un peu allégé le joug qui pèse sur le prolétariat de cette ville. Les fabricants, contenus par cette puissance nouvelle, fulminent et prophétisent la ruine de Saint-Étienne. Ils prétendent que les commandes étrangères se retirent devant l'élévation des prix et refluent sur Bâle et l'Angleterre. Ils sont furieux de recevoir la loi des ouvriers. Ils étaient habitués à la faire. C'est la condition de l'ordre social actuel. Le capital commande et n'obéit pas. Dès qu'il ne peut plus dominer, il crie à l'oppression. La liberté pour lui, c'est le pouvoir absolu. Il n'admet d'autres rapports avec le travail que ceux de maître à esclave.

Il est fort probable que la prétendue servitude qui lui fait pousser les hauts cris en ce moment, à Saint-Étienne, n'est qu'un amoindrissement de son autocratie, une limitation de son despotisme jusqu'aujourd'hui sans frein. L'ouvrier, par la force de l'union, cesse de subir la volonté de ses anciens dominateurs. Il lutte à armes plus égales contre leur avidité, et ne se trouve plus dans la condition du ver de terre. Il peut arrêter la dépréciation du salaire, tenir en échec l'exploitation, débattre, au lieu de les subir, les conditions du travail. Il entre alors en partage des bénéfices et diminue l'iniquité de la répartition.

C'est une révolte intolérable aux yeux du fabricant qui n'est plus l'arbitre suprême du taux de la main-d'œuvre, et qui se voit enlever, par cette rébellion, son principal élément de gain, la diminution discrétionnaire du salaire, par conséquent la vente à prix réduit, appât de la commande, garantie du débouché.

Toutes ces luttes sont grosses de guerre civile. Jamais le capital ne consentira à l'abandon de la moindre parcelle de sa puissance. Moins traitable et moins résigné que les rois absolus, il ne veut pas, il ne peut pas faire de concessions. Il entend ne connaître de loi que son bon plaisir.

L'assemblée contre-révolutionnaire, qui essaie aujourd'hui de rebâillonner la France, a mis toutes ses frénésies au service de ce maître inexorable, le capital. Elle a reforgé à neuf l'une des chaînes qui garrottent le travail, par le maintien des pénalités contre les coalitions. L'ascendant pris à Saint-Étienne par les ouvriers anime d'une fureur secrète et mal contenue la faction royaliste. L'accord et la fermeté de la vaste association rubanière lui impose encore certains ménagements qui se laissent voir dans le style diplomatique du *Journal des Débats*, ce respectueux serviteur de la force.

Mais il doit coûter à ces souverains seigneurs
de transiger avec des esclaves. Cette nécessité
des ménagements, cette contrainte imposée par
la prudence, amasse au fond de leurs âmes des
trésors de colère. Il y a du sang dans la pensée,
parfois aussi dans la parole de ces tyrans demi-
muselés. La pauvre ville de Saint-Étienne n'a
pas vu ses dernières boucheries, n'a pas porté
son dernier deuil. Elle est en état de siège,
malgré le calme qui n'a pas été troublé un seul
instant. On a supprimé ses journaux républicains,
mis sa population sous le joug du sabre, installé
dans ses murs les Radetsky et les Haynau.

On ne s'en tiendra pas aux menaces. Le capital
n'est pas satisfait pour si peu. Il veut avoir raison de l'audace de ses sujets, et en finir avec ces
associations qui ont osé mettre une borne à sa
puissance. Voici qu'on demande le transfèrement
de la préfecture, de Montbrison à Saint-Étienne,
pour établir une surveillance plus efficace sur ce
foyer de socialisme. « Le socialisme a fait des
« progrès effrayants ! » s'écrie le général de
Grammont, le pacha de la localité. Ces hommes
roulent des projets sinistres.

Décembre 1849.

EXPOSÉ DES MOTIFS DU TRANSFÈREMENT
DE LA PRÉFECTURE

La pensée du pouvoir se manifeste dans ce préambule en style de réquisitoire, qui trahit de sanglants projets. L'association rubanière a brisé le joug absolu des fabricants. Son succès est un scandale et un attentat. Le crime est grand, surtout parce que la victoire des ouvriers, loin d'amener la décadence de l'industrie, coïncide avec un développement énorme des affaires. Elle a été un signal de prospérité, en dépit des prophéties qui la signalaient comme une cause de détresse et de désastres. *Inde iræ.* Cet heureux effet allume la bile des tyrans dépossédés de leur autocratie, et les pousse aux plus détestables projets de vengeance.

Décembre 1849.

DISCUSSION SUR LE TRANSFÈREMENT

Discours désespéré de Ferdinand Barrot, qui se fait envoyer une dépêche télégraphique stupide par son commissaire extraordinaire Lacoste.

Le gouvernement ne s'inquiète pas de soulever des haines, de ruiner une petite ville, de semer la désolation et le trouble, dès qu'il s'agit de satisfaire les vanités d'une poignée d'enrichis. Ces parvenus de Saint-Étienne trouvent leur sous-préfet un trop mince personnage pour leurs majestés nées d'hier. C'est un affront que la présence dans leurs murs d'un si chétif avorton de représentant social. Il leur faut au moins une couronne de préfet, et, si on persiste à lui faire injure, cette fière aristocratie va se constituer en Belgique, et emprunter un roi à la famille Cobourg. Il faut des bals de grande volée à ces hautes et puissantes dames du ruban et de la houille, et qu'est-ce que les salons d'un sous-préfet, je vous prie? Une guinguette, la Chaumière. Fi donc!

Le préfet, d'ailleurs, est nécessaire à ces seigneurs du capital comme épouvantail pour les ouvriers. Ils le commettraient à tout propos dans les moindres contestations de salaire. Ce serait un instrument de plaisir et de compression, de vanité et d'absolutisme. Les préfets, de leur côté, s'ennuient à périr dans ce trou de Montbrison. Ils guignent de loin les raouts retentissants d'une ville de 80.000 âmes, ces collections de toilettes et de tapisseries, cette existence de vice-roi et de gouverneur général, qu'ils croient toucher depuis vingt ans, et qui leur inflige le supplice de Tantale. Ils prennent en horreur la pauvre petite capitale déchue et dédaignée. Malheureuse Montbrison! sœur jumelle de Quimper-Corentin! Elle fait les doux yeux à son seigneur, elle s'épuise en tendresses, en humilités, en soumissions, et n'obtient que des bourrades avec la menace de l'hôpital, comme une fille perdue.

Puis on écrit à Paris dépêches sur dépêches pour annoncer la fin du monde, à moins d'une installation immédiate dans les bras de la grosse Saint-Étienne, la fiancée millionnaire. Les ministres, en dignes héritiers du système napoléonien, poursuivent à outrance la conclusion de ce mariage politique : un titre épousant une caisse, à la mutuelle satisfaction des deux vanités contractantes.

Les hauts et puissants barons de Saint-Étienne ont de chauds défenseurs dans l'Assemblée. Le fameux général de Grammont, le Radetsky stéphanois, ne pouvait manquer une si belle occasion de pourfendre le socialisme. Il a donné dans la bataille comme cavalerie de réserve. Son langage est celui d'un garnisaire tartare. Le sabre sur la gorge, il parle aux populations de travailleurs le style pandour pur.

C'est un des crimes du gouvernement provisoire d'avoir laissé impunis les attentats commis

dans cette ville de Saint-Étienne par la faction
cléricale et rétrograde. Sous le règne de Louis-
Philippe, des filles du peuple, sous prétexte de
mauvaise vie, étaient enlevées par les ordres de
puissantes dames affidées de la Congrégation,
enfermées dans le couvent du Refuge, et les
larmes, le désespoir des mères, leurs cris et leurs
protestations, tout venait expirer aux portes de ces
repaires, résurrection audacieuse des oubliettes
du moyen âge. Le gouvernement devait faire
justice, justice éclatante. Il a tout couvert de sa
protection. Le peuple a la mémoire plus fraîche
et le sentiment de l'équité plus vif. Il a forcé les
portes de ces maisons de torture. Il a dispersé
la troupe des bourreaux à guimpes et à coiffes.
Le 8ᵉ hussards est arrivé pour délivrer ces mé-
gères et sabrer le peuple. Encore un acte de
haute politique du gouvernement provisoire. Il
laisse à la tête des troupes les plus forcenés
partisans des monarchies déchues, des nobles à
seize quartiers , des Grammont ! Ce Grammont
insulte à présent les traîtres insensés qui lui ont
maintenu au poing le glaive contre-révolutionnaire. Il les insulte : c'est justice !

Un M. d'Havrincourt est venu exposer la
théorie stratégique de la guerre civile. Il ne faut
jamais laisser séjourner les troupes dans les
foyers d'émeute. Elles s'y pervertissent au
contact des factieux, et refusent de mitrailler à

l'heure des répressions. On n'est pas plus impu-
dent en matière de Saint-Barthélemy. Le véritable
système, c'est la construction de citadelles domi-
nant les villes suspectes, et toujours prêtes à les
foudroyer. On y tient ses soldats en garnison, à
l'abri de la contagion populaire. — Ces émules
de Haynau, ces plagiaires de Radetsky se font
ouvertement professeurs de massacres et théoriciens d'égorgement. Suivant eux, en juillet
1830, en février 1848, la bonne cause a succombé,
par défaut de science en mitraille.

Léon Faucher a donné le coup de grâce au
projet de loi par son langage hautain et ses essais
d'intimidation. Il a menacé l'Assemblée de la
lourde responsabilité d'un refus de concours,
dans une question de sécurité publique. La tentative a mal tourné. Le projet a été repoussé par
308 voix contre 284. Beaucoup de carlistes ont
voté contre.

1850.

VII

RAPPORT GIGANTESQUE DE THIERS SUR L'ASSISTANCE PUBLIQUE

Résumé du système de Thiers : « La bienfe-
« sance publique n'est que le supplément et le
« complément de la bienfesance privée. Leur
« nature, leurs principes sont identiques. Leur
« concours est nécessaire et à peine suffisant,
« non pas pour supprimer la misère (promesse
« mensongère de l'anarchie), mais pour la dimi-
« nuer, la diminuer à ce point que la société n'ait
« point à rougir d'elle-même. »

Voilà ce qui reste des théories que la révolution
de Février avait jetées au travers de la politique !
Voilà la dernière transformation, l'unique débris
du *droit au travail* ! Un peu de coquetterie pour
masquer les plaies et dissimuler les ulcères de la
société ! Tout juste assez d'artifice pour épargner
les spectacles qui excitent le dégoût et la répul-
sion ! L'aumône, pour prévenir les cris et le
scandale de la publicité !

A propos du crédit à ouvrir aux travailleurs, le rapporteur lilliputien s'exprime en ces termes: « La prétention qui consisterait à vouloir procurer « du crédit à l'universalité des ouvriers n'irait « à rien de moins qu'à supposer que tout le « monde, dans une société, pourra être entre- « preneur; auquel cas, personne ne serait ouvrier « dans les manufactures, tout le monde serait « fermier dans les champs et personne n'y tien- « drait la charrue. Tout le monde enfin, si l'on « appliquait la même hiérarchie aux armées, « serait officier et personne soldat. Nous savons « bien que, devant les ridicules conséquences de « ces prétendues théories sur le crédit, on « reculera, et qu'on dira que ce n'est pas à tous « les ouvriers, mais aux plus intelligents, aux « plus honnêtes, qu'on désire procurer des capi- « taux... Pour être moins saisissante, l'extrava- « gance de cette théorie n'en sera pas moins « réelle. »

Suit l'énumération des difficultés pratiques d'apprécier la solvabilité dans l'escompte, restreint comme il l'est aujourd'hui à un petit nombre d'entrepreneurs, et par conséquent des impossibilités absolues de cette appréciation, étendue à des milliers d'ouvriers. « Ce serait la « même chose que de vouloir métamorphoser « tous les ouvriers en entrepreneurs. » — Mais la réaction prétend bien les métamorphoser en rentiers par la caisse d'épargne ! Est-ce que les théoriciens du parti ne prêchent pas l'économie et le dépôt à la caisse d'épargne, comme la panacée universelle ? Ne disent-ils pas formellement que *tous* les ouvriers peuvent devenir rentiers par cette voie ? Il est un peu plus stupide, ce me semble, de vouloir transformer les ouvriers en capitalistes à rentes, qu'en entrepreneurs de travail à leur compte. Quelle est donc cette jonglerie ?

Vous voulez universaliser la rente, nous voulons universaliser le salaire. Laquelle de ces deux utopies est la plus utile et la plus praticable ? la plus funeste et la plus absurde ? La rente est le produit de l'oisiveté, le salaire celui du travail. Qui fait vivre la société ? le travail ou l'oisiveté ? Laquelle des deux sociétés est la plus utopique, celle dont tous les membres vivent du salaire, ou celle dont tous les membres vivent de leurs rentes ?

Notre docteur veut bien ne pas condamner les ouvriers au prolétariat perpétuel. Il signale la route qui peut les conduire au capitalat... « Les « hautes classes industrielles et commerçantes « sont aujourd'hui remplies d'ouvriers parvenus « par leur intelligence et leur application... « Comment?... par le *marchandage*, en obtenant « des patrons des portions d'ouvrages qui les « constituent petits entrepreneurs, spéculant

« avec des matières fournies par leurs maîtres.
« Puis, quand ils ont gagné et économisé quelques
« capitaux, ils s'établissent ou sont associés par
« leurs patrons qu'ils remplacent souvent...
« Voilà l'échelle sûre que la nature a placée sous
« les pas de l'ouvrier dans la manufacture, du
« commis dans les comptoirs, et qui est acces-
« sible, sinon à tous, ce qui est impossible, du
« moins à ceux qui réunissent à l'intelligence
« le goût du travail et de l'économie. Pourquoi
« tout le monde n'a-t-il pas ces qualités? C'est
« une querelle à faire non à la société, mais à la
« Providence. »

Le raisonnement vaut de l'or. Quelques indi-
vidualités, Dieu sait par quels moyens, surgissent des bas-fonds du prolétariat, et, hissées sur
les épaules de leurs camarades, arrivent au
faîte. De quoi se plaignent les autres? Qu'ils se
hissent à leur tour! — Mais c'est impossible,
d'après vous-même. — Tant pis pour les mauvais
numéros! — C'est, dans sa forme la plus
impitoyable, la maxime: « Chacun pour soi et
« Dieu pour tous. » Dieu joue là un vilain rôle.
Mais ne pourrait-il pas répondre: « Dieu pour
« tous, c'est tous pour tous! Ce n'est que par
« vous que j'interviens chez vous. »

Thiers est bien inspiré! Il va précisément
invoquer comme exemple et comme modèle l'abus
le plus exécré des ouvriers, celui qui soulève le

plus directement leur colère, le *marchandage!*
Leur premier cri, en Février, a été : Abolition
du marchandage! Il n'y a plus dure oppression
que celle de l'esclave-maître, plus dévorante
exploitation que celle de l'ouvrier parvenu. Les
travailleurs le savent par une cruelle expérience.
Qui peut dire ce qu'il faut d'égoïsme, d'insensibilité, pour amener un ouvrier à l'état de patron?
C'est du marbre, du granit que ces parvenus ont
à la place du cœur.

« Pourquoi tout le monde n'a-t-il pas ces qua-
« lités? » dit Thiers, « c'est une querelle à faire à
« la Providence! » —Une querelle! Mille actions
de grâces à lui rendre d'avoir été avare de ces
natures exterminatrices qui se fraient leur chemin comme le boulet au travers des poitrines et
des entrailles! Le jour où la moitié des hommes
serait coulée dans ce moule, l'humanité n'aurait
pas de lendemain.

Les marchandeurs succèdent à leurs patrons,
et Thiers en sonne la fanfare! Mais les ouvriers
en pleurent. Car ce sont de durs patrons. Or, il
n'y en a plus guère d'autres aujourd'hui, par une
évolution fatale, grosse de guerres civiles. C'est
de ce mode de renouvellement des maîtres qu'on
peut dire : *ætas parentum, pejor avis, tulit nos
nequiores, mox daturos progeniem vitiosiorem.*

Thiers s'extasie sur ce mécanisme merveilleux:
« Ce qui doit élever les ouvriers au rôle de

« maitre, c'est le maitre lui-même, cherchant,
« parmi ses ouvriers, ceux entre lesquels il peut
« avec avantage sous-diviser ses entreprises, ou.
« par lesquels il peut se faire remplacer. Il est le
« véritable, le plus sûr des juges... Ce sont là les
« procédés simples, sûrs de la nature, et non les
« procédés faux, alambiqués des sophistes. »

Va toujours, aimable petit homme, va toujours! Cette tirade, du reste, est une leçon à
l'adresse des socialistes qui, dans leurs plans, ne
se préoccupent que de la portion la plus capable
des ouvriers. Celle-là s'aide suffisamment elle-
même. L'intérêt et la sollicitude doivent se porter
sur la grande masse, que son ignorance et sa
faiblesse livrent en pâture à toutes les voracités.
Mais la protection ne va jamais aux faibles. Elle
va aux forts, comme la richesse aux riches,
comme l'eau à la mer.

Le pétulant rapporteur aborde ensuite l'extension du crédit, et se déclare l'adversaire de cette
imprudence. Il ne faut pas faciliter, par une dangereuse prodigalité de papier, les témérités
aventureuses de l'industrie, qui se terminent
toujours par des naufrages, même en Amérique,
malgré l'immensité de ses terres vierges. Le
crédit agricole n'est pas mieux accueilli. Les
paysans, dans leur soif d'acquérir, se livrent aux
usuriers. On ne doit pas se jeter dans les aventures pour satisfaire cette manie des paysans,

et lui donner même un nouveau stimulant par la
facilité et le bas prix de l'emprunt. Passe encore
s'il ne s'agissait que de l'achat de bestiaux. Mais
pousser à la folle enchère, des lopins de terre,
c'est une sottise.

Sottise également pour les constructeurs qui
bâtissent plus de maisons qu'on ne peut en
habiter, et qui donnent des hypothèques sur leurs
bâtisses pour le terrain qu'ils ont acheté à
crédit.

Examen du système de crédit foncier de la
Silésie, de la Pologne. Ce sont des associations
locales et privées de grands propriétaires, empruntant à 4 pour cent, et donnant des lettres de
gage, remboursables à échéances échelonnées.
Ces lettres de gage sont les rentes du Nord. Elles
ne viennent pas souvent à remboursement, et
l'association les rembourse même par tirages
forcés. L'association est solidaire pour le propriétaire emprunteur. S'il ne paie pas l'intérêt,
on l'exproprie, et on ne lui prête d'ailleurs que
jusqu'à concurrence de la moitié de la valeur de
l'immeuble, sur première hypothèque. Cette
institution est inutile en France, parce qu'on ne
prête pas au-dessous de 4.000 francs. La petite
propriété resterait donc en dehors de son action.
En outre, les rentes sur l'État sont plus attrayantes
pour le capitaliste qui ne prêterait pas à ces
associations.

Sortie véhémente du petit homme contre les associations ouvrières. Qui fournirait les capitaux de fondation ? Les particuliers ? — Essayez; vous n'aurez pas un sou. — L'État? — La Constituante a hasardé trois millions pour l'expérience. Cette expérience vaudra les trois millions qu'elle coûte. Elle vaut même plus. Une association d'ouvriers, c'est l'anarchie dans l'industrie. Aucun capital ne peut avoir confiance dans cette incapacité collective. Point d'unité, de vigilance, de volonté, d'économie, d'intelligence, etc. D'ailleurs, prélever le capital d'une association sur les deniers de l'État, c'est le renversement de toute justice. Ainsi le crédit à tous les ouvriers individuellement, c'est l'impossible! Aux associations, c'est l'impossible encore, avec l'étouffement de la capacité par l'égalité des partages qui nivelle le génie et la nullité. Reste le moyen unique du marchandage, premier échelon de l'entreprise en grand, qui conduit à la richesse, si l'intelligence est au niveau de l'ambition.

« ... Tous ne pouvant s'élever, il faut bien que
« ce soient les plus intelligents qui s'élèvent, et
« le moyen c'est de procurer le crédit, non pas à
« tous, mais aux plus habiles... Enfin, » demande
le docteur exigu, « ne peut-on, ne doit-on rien
« faire pour venir au secours de l'ouvrier? On
« ne doit pas lui avancer de capitaux, non plus
« qu'aux paysans. Mais il faut secourir les

II. — 14

« inondés de la Loire. »—Tableau de l'inondation
de la Loire et de la munificence publique pour
les victimes.— « ... Et », s'écrie l'orateur, d'un ton
dithyrambique, « si la Loire recommence, eh!
« bien, on recommencera aussi! L'État est un
« honnête homme, que diable!... Voyons main-
« tenant l'industrie. Le chômage est l'équivalent
« de la grève. D'où vient-il? Habituellement de
« l'excès de production, né des facilités provo-
« cantes du crédit. On a produit plus que les
« hommes ne peuvent, non pas consommer, mais
« payer. Alors l'industrie, sans débouchés,
« s'arrête. »

Cet homme est vraiment imperturbable dans
l'aplomb de sa routine. Il continue à professer,
d'un ton d'oracle, de misérables vieilleries que
les enfants mêmes n'oseraient plus répéter. Que
lui importent les mille réfutations qui ont mis à
néant ces radotages? Il n'a pas lu ou ne daigne
pas admettre des raisons non estampillées par
l'Académie morale. Ah! on produit plus qu'on ne
peut vendre!—Et pourquoi cette impossibilité de
payer?—Manque d'argent.—Et pourquoi le
peuple n'a-t-il pas d'argent? Car c'est le peuple
qui est le grand consommateur. Parce que vous
lui volez son salaire; qu'au lieu de lui donner la
valeur de son travail, vous en retenez la moitié,
et qu'il ne peut pas, avec la moitié de son propre
produit, payer le produit voisin qui lui est

nécessaire. Les magasins sont encombrés et le peuple manque de tout.

« On produit trop », dit Thiers avec le troupeau des commères.

— On ne consomme pas assez, répond le socialisme.

— Mais, pour consommer, il faut payer. Pour payer, il faut de l'argent. Si vous donnez tant d'argent aux travailleurs, le résultat sera le renchérissement des denrées. L'augmentation du prix de la main-d'œuvre déterminera une hausse générale des produits et limitera d'autant les débouchés, fermant ceux du dehors par l'impossibilité de soutenir la concurrence étrangère, restreignant ceux du dedans par la cherté, si bien que le peuple, loin de se trouver avancé par l'élévation du salaire, en deviendra la première victime, par le chômage et le haut prix des produits.

— Sans doute, commère, sans doute, si vous reportez sur le prix du produit l'augmentation du salaire.

— Et sur quoi donc la prendre, cette augmentation ?

— Sur quoi ? Sur les primes que s'adjugent les parasites. Rendez à l'ouvrier ce qu'on lui vole pour en bourrer les poches du capital. Payez-lui la valeur de son œuvre et n'en prélevez pas la dîme, ou plutôt les dîmes sans fin, au profit de la série de vampires qui le sucent à discrétion.

C'est la rapacité des parasites qui fait la cherté des produits et la misère. Détachez ces sangsues, vous atteindrez le double but qui résout le problème, savoir le bas prix du produit et le taux élevé du salaire. On produira beaucoup, et vous ne direz pas qu'on produit trop, parce qu'on pourra consommer en proportion. Pas de risque que Thiers aborde ce thème de la rente, de la dîme du capital. Pour lui, c'est la part la plus légitime, la première en droit, la fin unique de toute transaction sociale.

« ... Quant aux chômages par révolution, ils « sont sans remèdes. C'est alors que les ouvriers « demeurent, par centaines de mille, inactifs et « mourant de faim, et que les hautes classes « épouvantées et en fuite ne peuvent plus rien « pour eux. »

Charmant, en vérité! « Les hautes classes ne « peuvent plus rien pour eux! » Les hautes classes ne peuvent plus qu'empocher leurs revenus, c'est-à-dire prélever la dîme, la rente, le plus net de la valeur, et l'enfouir! puis regarder par la fenêtre ce qui se passe dans la rue. Je voudrais bien savoir si les rentiers n'ont pas touché leurs rentes, les propriétaires leurs fermages, les banquiers leurs intérêts, les négociants leurs profits, les fonctionnaires leurs traitements, les fabricants eux-mêmes leurs bénéfices, quoique réduits. C'est la caste au revenu net, la caste prélibatrice de la dîme qui dispose du sort de la nation, qui tient dans ses mains la ruine ou la fortune, la famine ou l'abondance. Il dépend de son caprice, du caprice de ses colères ou de ses terreurs de laisser vivre ou de faire mourir; et on lui laisse ce droit de vie ou de mort!

Conclusion pour les chômages: on y peut quelque chose, s'ils sont le résultat accidentel d'une découverte; beaucoup moins, s'ils proviennent d'un excès général de production; rien du tout ou à peu près, s'ils sortent des révolutions. C'est à la sagesse du peuple de s'épargner les derniers; à la sagesse de l'industrie d'éviter les seconds, en s'abstenant des excès de production. Il faut se résigner aux premiers, résultats d'une découverte ou d'un progrès.

Pourtant l'illustre médecin politique veut bien ne pas tout à fait abandonner ces maladies aux soins de la nature, et il propose quelques moyens de thérapeutique « qui peuvent, » dit-il, « avoir une « certaine efficacité, et qui sont les seuls pour- « tant auxquels n'ait pas songé l'imagination des « novateurs contemporains. Serait-ce parce que « ces moyens, modestes et pratiques, sont con- « formes aux vrais principes sociaux? »

Voyez-vous la malice du savant Esculape? Les *principes sociaux* jouent un rôle capital dans ce rapport-monstre. C'est la préoccupation dominante, exclusive du conseil de santé réuni pour guérir la nation malade. Cet honorable sanhédrin ressemble pas mal aux médecins consultants de Molière, qui veulent sauver les règles d'abord, et le malade ensuite, si l'honneur des règles le permet. Guérir contre les règles serait un scandaleux attentat à la médecine, un crime de lèse-faculté. Les doctes confrères, réunis en conseil de salut public, prennent pour point de départ et d'arrivée le *maintien des principes sociaux*. C'est leur critérium, leur pierre de touche, c'est l'étalon précieux qui sert de mesure à leur arpentage politique. Chaque idée, chaque imagination est toisée sévèrement à l'aune des *principes sociaux*, et tout ce qui dépasse est rejeté comme subversif, éversif et convulsif.

Tout naturellement, par *principes sociaux*, ces messieurs entendent la doctrine anglaise, le *chacun pour soi, chacun chez soi*, le pur malthusianisme enfin. Le monde appartient à la force comme matière exploitable et taillable à merci. La destinée régulière des faibles, leur mission providentielle est de servir de pâture aux forts. La société n'est autre chose que cette anthropophagie organisée. Toute protection accordée à la faiblesse contre les droits sacrés de la force, toute garantie contre l'exploitation est une atteinte aux *principes sociaux*, à la liberté, à l'ordre naturel, à l'essence même de l'homme. C'est une révolte contre la Providence, contre la constitution humaine, une tentative de renversement des lois de la nature.

Dieu, en créant les hommes inégaux de force et d'intelligence, a créé la tyrannie et la servitude, les maîtres et les esclaves. Les ignorants et les faibles sont la proie légitime des intelligents et des forts. Toute velléité de modifier cette donnée léonine, de soustraire les victimes au minotaure est une attaque à la propriété, une spoliation, un attentat aux *principes sociaux*.

Nous avons le tort de croire que le but des sociétés est précisément d'effacer les conséquences de ces inégalités individuelles, de placer toutes les faiblesses sous la protection de la force commune, supérieure aux forces isolées et abusives. Nos adversaires ne sont guère logiques. Ils admettent depuis longtemps l'annulation de la prépotence physique, et toutes leurs lois sont dirigées contre les brutalités du poignet. L'intelligence est un instrument d'oppression bien autrement redoutable. Elle crée ce qu'il y a de plus dangereux au monde, l'ordre dans la servitude. Cette tyrannie par excellence, ils l'appellent l'ordre social, la civilisation. Il n'est pas de noms assez beaux, assez respectueux pour ce plus grand des abus de la force.

Avant tout, maintenir les masses sous le joug, voilà le *principe social* à sauvegarder. Toute mesure qui n'est pas un humble corollaire de ce *principe social* ne mérite qu'anathèmes et malédictions. On la rejette dans les flammes du bûcher vengeur. L'aréopage dont l'illustre bavard est l'organe a cherché, dans tous les coins des *principes sociaux*, quelques moyens de soulagement pour les détresses populaires... je blasphème... quelques moyens de salut pour la société menacée, quelques combinaisons ingénieuses pour conjurer et mystifier l'armée assiégeante.

D'abord, la réserve des travaux de l'État pour les époques de crise industrielle, dont on fixe les retours périodiques à un intervalle de cinq ans. Une division nouvelle du ministère des finances tiendrait prêts d'avance les devis, les plans, les estimations, tous les préliminaires préparatoires des travaux ; et, à l'invasion de la crise, l'ordre d'exécution serait lancé.

« Aujourd'hui, » dit Thiers, « l'État suit pas à pas « l'impulsion industrielle, multiplie ses travaux « en concurrence avec l'activité privée, les ra- « lentit et les pousse du même mouvement d'inac- « tion et d'ardeur... Il doit faire tout l'opposé, « ne pas disputer à l'industrie particulière les « bras des travailleurs dans un temps d'activité, « et occuper ces bras à l'instant où une crise « vient les frapper d'inertie. »

Voilà le spécifique découvert par le comité de salut public. Toutefois le rapporteur n'est pas certain que ce ne soit pas aussi une utopie. Il

espère que non, sans en être sûr. L'aveu est prudent, mais original. Il s'agit de trouver de l'argent
quand il n'y en a pas, et d'en dépenser beaucoup
quand tout le monde en manque . Problème
bizarre ! Le résultat le plus clair de ce système,
c'est la cessation des travaux publics, sous prétexte de réserve pour les temps de crise. Que
deviendra l'allocation annuelle du budget ? Va-
t-on la conserver et l'accumuler jusqu'à l'ouverture de la crise prochaine ? ou la supprimera-t-on
dans les années de chômage officiel, pour la rétablir quintuple à l'arrivée du péril prévu ? Cela
reviendrait à un accroissement d'impôts dans les
moments de désastres, panacée d'un genre nouveau. Que si on accumule, au contraire, qu'est-ce
qu'une pareille thésaurisation ?

L'oracle du sanhédrin annonce la solution du
problème, au moyen d'un mouvement de la dette
flottante qui est le banquier de l'État et son magasin de réserve. Il s'agit sans doute d'une émission de bons du Trésor, avec remboursements
échelonnés sur les quatre années intermédiaires.

Le deuxième moyen de soulagement et de
salut est dans la colonisation. Tableau des colo-
nisations européennes, du rôle colonisateur de la
France. Ce rapport n'est qu'une espèce de canevas préparé pour recevoir les broderies et
fournir les digressions du brillant péroreur. C'est
un texte pour les leçons du professeur à son audi-

toire. Le sujet de son sermon cette fois est l'Algérie. Il l'a prise sous sa protection et la met en scène à grand spectacle. L'Algérie est la grande œuvre du règne de Louis-Philippe, la plus grande chose du siècle... A ceux qui demanderont ce qu'a fait la France pendant ces vingt dernières années, on répondra qu'elle a conquis et dominé l'Algérie, et que, dans cette conquête, elle a formé les soldats et les généraux qui l'ont défendue contre l'anarchie... c'est-à-dire les soldats et les généraux qui ont exterminé le peuple parisien, relevé la contre-révolution et arrêté la France dans sa marche civilisatrice... Belle gloire ! Avant cinq ans, cette armée sera l'objet de l'exécration publique. La Révolution victorieuse la mettra au ban de l'humanité.

Il s'agit de détourner sur l'Algérie le courant colonisateur qui se porte toujours sur l'Amérique. L'Afrique est exactement semblable à l'Andalousie. Il faut approprier ses *vegas*. Pour cela, le concours du gouvernement est indispensable. La finale du morceau démasque la pensée de l'homme d'État. Il n'a qu'une idée fixe, se débarrasser de l'élément révolutionnaire, conquérir à tout prix la sécurité de l'exploitation et du privilège.

« Puisqu'on demande à l'État des efforts rui« neux, insensés, pour des œuvres contraires à « tous les *principes sociaux*, ne serait-il pas rai-

« sonnable, prudent, humain, de diriger vers la
« colonisation les forces du pays qu'on voudrait
« égarer ailleurs ?... Ajouter à la conquête la
« mixtion des races française et arabe, préparer
« en outre une réponse à ces sophistes qui disent:
« J'ai des bras, la volonté de les employer, et
« vous m'en refusez les moyens ! » leur préparer
« cette réponse sans réplique : « Il y a des terres,
« des héritages prêts dans une contrée française,
« allez-y être utiles à vous et au pays », ne serait-
« ce pas une belle chose, nous le demandons ?
« Le droit au travail est une invention insensée.
« Mais le prétexte qui a donné lieu à ce sophisme
« pourrait-il même être allégué, quand on aurait
« ouvert un champ à toutes ces activités arro-
« gantes, qui prétendent qu'on leur doit de trouver
« pour elles un emploi que chacun dans la société
« est chargé de trouver pour lui-même ? »

La mansuétude du langage révèle la tendresse
qu'on porte aux futurs colonisateurs. *Ouvrir un
champ* est bien le mot, et l'appât est séduisant. Il
y a là-bas, sur cette terre d'Afrique, assez de
de fosses ouvertes pour dévorer jusqu'au dernier
socialiste. Allez, activités arrogantes, allez, sous
la verge des sergents, prendre possession perpétuelle de ces héritages qui attendent vos osse-
ments et leur donneront une éternelle hospitalité.
— Allez-y vous-mêmes, propriétaires mono-
manes ! Puisqu'il y a des terres et des héritages,

il est bien étonnant que vous n'en soyez pas déjà maîtres. Ce n'est pas votre habitude de faire de ces cadeaux aux déshérités. Vous n'êtes pas des partageux, vous, aimables seigneurs ! D'où vient donc cette soudaine générosité ? Quoi ! des terres, des héritages dans une contrée française, et vous les offrez à vos ennemis ! En vérité, le présent est suspect. Gardez pour vous, messieurs. Allez vous mixtionner vous-mêmes avec la race arabe ! Allez fertiliser les *vegas* andalouses de l'Afrique, bâtir tous les Alhambras possibles, ressusciter Grenade et les Abencerages.

Nous savons par une première expérience le fond de votre pensée, et l'on connaît votre recette pour remplacer la mort aux rats. Déjà vous avez envoyé mourir huit ou dix mille Parisiens sur cette terre algérienne. Vous voulez en faire un cimetière socialiste ! Merci !

Dans cette lanterne magique et sociale que le prestidigitateur fait passer devant les yeux du public, la mendicité arrive à son tour, avec ses plaies hideuses ou simulées, son appareil repoussant et ignominieux. Systématique ou naturelle, la mendicité est une honte pour un gouvernement. Mais doucement ! C'est un philanthrope des plus tendres que ce grand citoyen ! Ce n'est pas le tout de supprimer la mendicité ! Interdire la ressource de la pitié publique aux infirmes et aux individus sans travail, ce serait de la barbarie ! Ce serait immoler le pauvre à l'orgueil de la société.

Grand dieu ! Qui a cette pensée coupable ? Personne. Créons des établissements qui donnent de l'emploi aux bras inoccupés, un asile aux infirmités, et dès ce moment le mendiant n'aura plus le droit de nous affliger, de nous déshonorer de sa présence ! Il ne sera plus un pauvre digne de pitié, mais un vagabond à réprimer ! Conclusion de cette sublime philanthropie : les dépôts de mendicité, c'est-à-dire les maisons de force, le *work-house*, l'enfer ! En prison, l'ouvrier sans travail, l'ouvrier blessé, l'invalide de l'industrie ! En prison le pauvre ! Otons ce spectacle attristant des yeux des privilégiés ! Épargnons à leur délicatesse la vue de ces souffrances importunes, et à leur sensibilité la pensée que tout n'est pas pour le mieux dans ce monde où ils sont si bien. En prison la misère et l'infirmité !

Puis un coup d'œil sur les logements, sur les caves où grouillent ces fourmilières d'êtres humains qui créent la richesse aux dépens de leur vie. On tâchera de les assainir par une loi. Ce sera curieux.

Après tant de bienfaits, prodigués d'une main si généreuse, après les travaux publics de réserve, les cimetières algériens, les dépôts de mendicité, le balayage des logements, l'État, fatigué de sacrifices, à bout de prodigalités, s'arrête enfin et

dit aux ouvriers : « Nous avons épuisé ce qui est
« du domaine de la prévoyance publique. L'État
« est arrêté par la liberté, par la justice qui ne
« permet pas de prendre à Pierre pour donner à
« Paul. Vous avez dans les mains votre propre
« bien-être. Chacun de vous, avec un travail
« modéré et une intelligence ordinaire, peut
« nourrir lui, ses vieux parents, sa femme, ses
« enfants, et réserver quelque chose pour la ma-
« ladie et la vieillesse. Mettez vos économies en
« commun, et vous pouvez défier tous les acci-
« dents fâcheux de la vie. »

Certes la harangue est touchante et... vraie
surtout. Avec une intelligence ordinaire, un
ouvrier peut nourrir père, mère, femme et enfants,
habiller, loger, chauffer tout ce monde et même
le conduire au spectacle ! — A quoi bon discuter
ces moqueries ? Il faut allouer à M. Thiers le
salaire de Mulhouse, de Lille ou de Laval. Nous
verrons comment il se trouvera de ce revenu.

Les sociétés de secours mutuels plaisent assez
à l'interminable rapporteur, mais à condition
qu'elles auront en vue seulement la maladie des
sociétaires. — « Celles qui seraient formées en
« vue du chômage sont impuissantes, et, de plus,
« dangereuses, dit le prévoyant politique. D'abord
« une crise industrielle intense mettrait les caisses
« en banqueroute. L'expérience apprend en outre
« que les sociétés de cette nature pourraient

« devenir des moyens assurés de solder les
« grèves, de les préparer même et de les produire
« à volonté. »

Le prudent champion des *principes sociaux* ne
perd jamais de vue l'affaire principale, l'intérêt
des dominateurs qui lui sert de phare dans ses
pérégrinations philanthropiques. Les sociétés de
secours mutuels contre la maladie ! passe. Mais
contre le chômage ! Ici commence la sédition.
La grève est un chômage volontaire. L'assurance
mutuelle contre la tyrannie des maîtres serait un
accroc trop scandaleux aux *principes sociaux* !
Halte-là, s'il vous plaît !

Du reste, l'État fera la grâce aux sociétés qui
s'adresseront à lui de perfectionner leurs statuts,
de recevoir leurs fonds dans ses caisses et d'en
solder les intérêts. Tout cela n'est rien pourtant.
La grande affaire, le point capital pour l'ouvrier,
c'est de faire des économies pour ses vieux jours.
La vieillesse ! Pensez à votre vieillesse, mes
enfants ! N'imitez pas les petits oiseaux qui s'en
donnent à cœur joie le printemps et l'été, sans
songer à l'hiver qui les tue par le froid et la faim.

« Mais, » répond philosophiquement l'ouvrier,
« je ne vieillis pas, moi. Les *principes sociaux* y
« mettent bon ordre. Votre philanthropie m'épar-
« gne les douleurs de la vieillesse. La décrépitude
« m'atteint à l'âge de votre virilité, et, devenu im-
« puissant au travail, je meurs parce que je vous

« suis inutile. Que venez-vous nous conter avec
« vos précautions, votre prévoyance pour une
« vieillesse imaginaire ? » — « Si fait, mon ami,
« si fait ! On ne sait pas ce qui peut arriver.
« Économisez pour vos vieux jours. Vous avez
« le choix entre la caisse d'épargne et la caisse
« des retraites, deux merveilles, sur ma parole ! La
« caisse de retraite est bien un peu personnelle,
« comme les rentes viagères. Mais, au demeurant,
« c'est une magnifique invention ; il n'en faut pas
« médire... Toutefois, la caisse d'épargne est
« encore bien plus superbe, comme dit milord
« enthousiasmé. La caisse d'épargne, c'est
« l'évangile du dix-neuvième siècle. »

Panégyrique du dit évangile avec trompettes
et trombones. « ... La caisse d'épargne doit
« être rangée la première dans l'estime des vrais
« amis du peuple, et il faut soigneusement
« prendre garde de lui porter préjudice, en vou-
« lant fonder la caisse de retraite. »

Rien de plaisant comme cette bascule d'éloges
et de blâmes pour la caisse de retraite. « C'est
« une institution égoïste, dirions-nous, s'il ne
« fallait l'encourager. Elle produit des résultats
« peu moraux, mais il faut y pousser. Celui qui a
« la *sagesse* de faire une économie de cette nature
« n'est qu'un *égoïste* à vue assez étroite... »
Et ainsi de suite, distribuant, dans la même
phrase, la louange et la vitupération, l'encoura-

gement et l'insulte, l'estime et le mépris. — Il faut *encourager* un acte d'*égoïsme* ; c'est de la *sagesse* que de se montrer personnel et oublieux de sa famille. Quel singulier code de morale ! Voyons, décidez-vous. Suis-je un misérable ou un honnête homme, un égoïste sans entrailles ou un philosophe prévoyant, un coquin ou un sage ? Je ne puis pas être à la fois, en vertu du même acte, un excellent citoyen et un être dénaturé. Tâchez de faire votre choix et d'arrêter votre épithète définitive. Il paraît que, dans vos conseils, on tire la morale à la courte paille.

Éloge attendrissant de l'État qui a poussé l'humanité envers les classes ouvrières jusqu'à leur garantir trois avantages qui n'existent jamais réunis dans le même placement, la sûreté du capital, sa disponibilité et un haut intérêt. — Merveilleuse trilogie ! Triplicité phénoménale ! Malheureusement, en 48, la disponibilité s'est trouvée un peu compromise. La sûreté me paraît aussi très problématique. Gare les révolutions !

Il faudra pourtant montrer le fond du sac dans cette question des caisses d'épargne, et faire toucher du doigt la rouerie, le macairisme qui ont inspiré les fondateurs ainsi que les panégyristes de cette magnifique invention. C'est une jonglerie, un appât, un paratonnerre ; c'est aussi un danger, un élément de paupérisme. Voici d'abord Thiers lui-même qui, à son insu, porte un rude coup à ces caisses d'épargne chéries. Ce coup, frappé sur la caisse générale des retraites, va ricocher en plein sur la caisse d'épargne. Écoutons !

« ... La caisse générale des retraites, admi-
« nistrée par l'État, est une extravagance, surtout
« si l'on procède par la retenue obligatoire. Cette
« retenue forcée est d'abord une atteinte à la
« liberté; une mise en tutelle des travailleurs,
« une substitution de la volonté du gouvernement
« à la volonté libre de chacun. Qui sait les
« obstacles, les dangers que rencontrerait une
« pareille tentative ? On prétend qu'elle serait
« insensible et passerait inaperçue de l'ouvrier.
« Erreur. Pour arriver en trente-six ans à une
« pension de 150 francs, il faut une retenue de
« 30 francs. Sur trois cents jours de travail, à
« 1 franc 50 la journée, c'est deux sous quoti-
« diens, le quinzième du salaire, proportion
« énorme qui ne laisserait pas certainement la
« mesure s'accomplir incognito. La retenue
« commencerait à vingt ans jusqu'à cinquante-
« six, date de la jouissance de la pension. Appli-
« quée à la nation entière des travailleurs, elle
« donnerait une somme annuelle de 450 millions;
« plus l'accumulation des intérêts, et l'État aurait
« entre les mains un capital de 30 milliards, dont
« 15 aux déposants, 15 aux pensionnaires, et il
« lui faudrait placer, faire valoir ce capital, en

« servir la rente. En réduisant même la rente à
« 75 francs, le capital serait encore de 15 milliards,
« le revenu à servir de 750 millions. Où placerait-
« on ces monceaux d'argent, et qui en paierait la
« rente à 5 pour cent ? C'est une utopie, une extra-
« vagance, une folie. La responsabilité de l'État
« est déjà bien lourde pour les 400 millions des
« caisses d'épargne. Que deviendrait-elle pour
« 15 ou 30 milliards ? Le résultat peut devenir le
« même et ramener les folies de la retenue obli-
« gatoire, si on provoque les placements par des
« subventions ou des primes. Le succès de
« l'appât offert entraînerait les folles consé-
« quences de la première hypothèse. Quant au
« système des tontines, c'est-à-dire au reverse-
« ment de la part des morts sur les vivants, il
« permet de réduire les dépôts de moitié ; mais il
« rend universel pour toute la nation le système
« de la rente viagère, destructif de la famille. »

Le moraliste se décide enfin contre l'égoïsme
de la caisse de retraite, et flétrit son principe
d'une épithète redoutable par le temps qui court,
destructif de la famille ! Du reste, le docteur des
principes sociaux se soucie peu des contradictions. Il se donne des démentis du verso au
recto de la page, sans y attacher la moindre
importance, sans avoir seulement conscience de
ses palinodies. Pour combattre la retenue obligatoire de 30 francs, il en signale le chiffre élevé,

le quinzième du salaire, impossible à prélever, sans rencontrer la résistance du travailleur. « C'est une énormité, » s'écrie Thiers, « que vous « n'escamoterez pas à l'ouvrier. »

Soit. Mais une page plus haut, c'est une autre antienne. En parlant de la caisse des retraites, il représente comme insensible et nul le même sacrifice de 30 francs, suffisant pour assurer à l'ouvrier le pain de la vieillesse. — « Un ouvrier, « même très peu économe, peut, avec 30 francs « annuels, assurer le pain de ses vieux jours ... » — « Bien qu'il soit sage à l'ouvrier de prélever « le minime sacrifice de 30 francs pour s'assurer « du pain sur ses vieux jours, ce qu'il peut faire « sans renoncer à aucun de ses plaisirs, » etc.

Ainsi, suivant les besoins de la cause, il exagère ou il atténue à volonté l'importance de cette somme de 30 francs. Il représente tour à tour comme énorme ou comme nul ce prélèvement quotidien d'un quinzième du salaire. Dans un cas il s'agit de démontrer que le travailleur peut assurer son avenir à très bas prix : il atténue. Dans l'autre, il faut combattre la retenue obligatoire, principe communiste : il exagère.

Pas une des attaques portées à la caisse des retraites qui ne tombe en plein sur la caisse d'épargne, malgré les hosannas du rapporteur. Les deux inventions se valent : mensonge et jonglerie. « ... Si on se borne, » dit l'homme d'État,

« à la retenue facultative, la question change.
« Il y aura infiniment moins d'individus qui
« verseront, et dès lors moins de difficultés à
« vaincre pour le placement et pour le service
« des intérêts. » — Ce qui signifie que l'institution
sera facile en raison directe de son inutilité.
L'alternative est donc simple : ou insignifiance
de la mesure, si elle reste bornée ; ou extravagance et folie, si elle atteint son but, par l'universalité de l'application. 30 milliards à placer, à
faire valoir ! 750 millions de pensions à servir, la
nation entière transformée en rentiers ; absurdité
et démence !

Voilà qui est bien réglé pour la caisse des
retraites. Eh! bien, quelle différence y a-t-il pour
la caisse d'épargne ? De deux choses l'une : ou
jonglerie et spéculation politique, si l'institution
demeure restreinte au petit nombre ; ou impossibilité et folie si elle s'étend à toute la nation.
Supposez 10 millions de déposants à 2.000 francs.
C'est un capital de 20 milliards à placer, 800
millions d'intérêts à servir. Qui fera valoir le
capital ? Qui fournira la rente par son travail ?
Les 400 millions actuels sont déjà une source
d'embarras et d'inquiétudes. — Thiers a donc
fait le procès à la caisse d'épargne en même
temps qu'à la caisse des retraites.

Cependant il n'a pas assez de formules et
d'élans d'enthousiasme pour l'une, tandis qu'il

H. — 15*

poursuit l'autre de ses arguments les plus incisifs.
Mais la caisse d'épargne est une piperie, une
séduction pour le peuple, un thème à broder dans
la bouche des optimistes, une garantie et une
force pour le pouvoir, une spéculation politique
pour avoir des adhérents et des prôneurs. On la
porte aux nues.

Résumé et conclusion du rapport de Thiers :
tout est pour le mieux dans le meilleur des
mondes possible. Nous sommes bien, restons
comme nous sommes.

                                        1850.

VIII

ASSOCIATIONS OUVRIÈRES

DISCUSSION SUR LE CRÉDIT DE 3 MILLIONS
A ALLOUER AUX ASSOCIATIONS OUVRIÈRES

Mauvaise foi de la droite.

M. Sainte-Beuve, l'avocat des grandes compagnies industrielles, avait oublié l'autre jour ces beaux motifs de justice qui remuent tout à coup ses entrailles. Il avait aussi perdu de vue ces spectres du vol et de la spoliation qui lui font en ce moment dresser les cheveux sur la tête. Il ne se souvenait pas davantage de ces travailleurs des campagnes, dont on cherche à vider l'escarcelle dans la bourse des ouvriers citadins. Non ! ses yeux, remplis de larmes par la détresse des infortunés millionnaires, n'apercevaient plus le péril et l'iniquité de ces virements de fonds d'un tiroir à l'autre. C'est en toute bonne foi et par mégarde qu'il vidait des deux mains, dans les grandes poches des actionnaires, les pauvres petites poches de tous les travailleurs possibles, citadins et ruraux. Mais sa conscience, qui sommeillait alors, s'est réveillée en sursaut au bruit de la tentative d'effraction, faite par M. Pelletier et complices sur l'armoire des paysans.

Décembre 1849.

RAPPORT LEFEBVRE-DURUFLÉ

Ce rapport, comme de juste, est une sentence de condamnation en forme contre les associations ouvrières. Leur impuissance, résultat inévitable de l'ignorance des masses, devait prêter un texte fécond aux dédains, on peut dire aux hostilités raisonnées de l'aristocratie. Je n'ai jamais rien attendu d'un essai impossible, et je ne suis pas le seul qui ait prédit à ces tentatives une série d'échecs désastreux. Mêmes prévisions de la part du plus grand nombre des ouvriers. Il manquait à de telles entreprises la base indispensable, le savoir. Que faire, quand on ne sait pas ? L'issue fâcheuse de ces expériences préparait un triomphe à la réaction.

Voyons les observations de l'ennemi. La première, c'est la remarque, faite tout d'abord, que ce besoin d'association n'était pas un élan spontané des classes ouvrières, mais une suggestion de la philanthropie ou des factions révolutionnaires. Hors Paris et Lyon, nulle voix n'avait réclamé la transformation des salariés en associés. Cette aspiration était concentrée dans les deux grands foyers politiques et industriels.

A l'appel du conseil, répété par toutes les voix de la presse, on aurait dû voir accourir de nombreuses associations. Point. Sur 521 demandes de crédit, 60 seulement sont jugées admissibles, et, sur ces 60, bien peu représentent une véritable association ouvrière. Les 461 demandes rejetées viennent toutes de patrons ruinés, d'hommes à projets, d'individus flanqués de quelques ouvriers, enrôlés à leur suite par le besoin de pain beaucoup plus que d'association. Il n'y a rien là qui ressemble à un mouvement général, à une tendance spontanée des travailleurs vers l'association.

Des trois formes de sociétés admises par le code de commerce, on ne peut appliquer aux associations d'ouvriers que la société en nom collectif, qui engage les biens présents et à venir de chaque associé, jusqu'à la contrainte par corps. Le conseil d'encouragement revise les statuts des associations et constate qu'ils sont le produit d'une complète inexpérience ou de *suggestions malheureuses*.

Trois catégories d'associations. — 1° Associations entre ouvriers seuls, associés au même titre, et tous responsables. — 2° Associations entre patrons et ouvriers, associés au même titre, c'est-à-dire tous responsables des pertes. — 3° Associations entre patrons et ouvriers, où le patron seul est responsable des pertes, et où les ouvriers ne figurent que comme intéressés aux bénéfices. Ce sont des établissements considérables qui sont ainsi associés, d'une manière qui tient à la fois du nom collectif et de la commandite.

Première catégorie. — Elle implique égalité parfaite entre les associés. Or, dès qu'il s'agit de s'organiser, l'inégalité des intelligences, des forces, des connaissances, éclate à l'instant. Il faut à l'organisation une hiérarchie, ce qui détruit l'égalité. (Raisonnement du rapporteur.) Cette hiérarchie, c'est un gérant, un conseil, une assemblée générale. Voilà une autorité et une dépendance. Donc, plus d'égalité. (Toujours l'argumentation du rapporteur.)

Les statuts règlent que les salaires seront proportionnels aux facultés et aux œuvres de chaque associé, et que les bénéfices seront, comme les pertes, répartis au prorata des salaires. Cette règle est l'œuvre spontanée et l'expression formelle de la volonté des ouvriers. Elle est la condamnation du système égalitaire du Luxembourg. Le conseil fixe le taux du salaire de chaque ouvrier, et la rétribution du gérant qui a un traitement exceptionnel.

Voilà déjà bien des inégalités entre associés au même titre. Mais comment associer en nom collectif 500 ouvriers, tous responsables au même titre ? C'est le chaos. Dans le conseil, les uns ne veulent pas autre chose, disant que, hors de là, il n'y a pas de véritable association. Les autres trouvent imprudent d'engager dans les chances de perte les nombreux ouvriers des grandes usines, qui ne pourraient pas faire face aux revers.

De cette discussion naît la troisième catégorie, où les patrons, investis des pouvoirs les plus étendus, recueillent la majeure partie des bénéfices, comme compensation de leur responsabilité excessive. La part des bénéfices pour les ouvriers est alors peu de chose et devient presque illusoire, tant à cause du grand nombre que des retenues, 10 pour cent pour un fonds de retenue, une deuxième part pour un fonds de réserve, le reste partageable.

Les 10 pour cent de retenue, prélevés pour fonder de nouvelles associations, ou, si les associations tombent, pour aller aux bureaux de bienfesance, sont une espèce de dîme. — Le fonds de réserve, 30 ou 40 pour cent des bénéfices, destiné à couvrir les pertes des mauvaises années, partageable à la dissolution de la société, sert de caisse d'épargne et de garantie aux créanciers.

Tel est le statut des associations auxquelles l'État a prêté. Beaucoup d'autres, non assistées, ont le même règlement. Il y a de plus des stagiaires et des collaborateurs temporaires. Pour devenir sociétaire, il faut avoir été stagiaire de trois à six mois. Les collaborateurs temporaires ont un noviciat de quinze jours à deux mois, avant de participer aux bénéfices. Il résulte de là que, par le mouvement du travail, les stagiaires et les auxiliaires peuvent se succéder, sans jamais devenir associés ni copartageants. Ce sont alors des salariés de l'association...

Tel est le règlement établi pour régir les associations créditées par l'État. Quel entortillage ! Quelle complication ! Quel imbroglio inextricable ! Vivez donc en paix sous un pareil régime ! Il est clair comme le soleil que l'association, hors de la communauté complète et générale, ne conduit qu'à l'absurde, à l'impossible, ou bientôt à l'exploitation et au parasitisme.

C'est peu de chose, en vérité, que ces associations ouvrières dont on fait tant de bruit, et l'on ne peut même les compter pour une goutte d'eau dans la mer. Le capital fourni par l'État ne s'est élevé qu'à 1.789.000 francs, répartis entre 50 associations, 30 à Paris, 20 en province. Les vingt dernières ont reçu 1.029.000 francs, les 30 de Paris 760.000.

Sur ces 50 associations, huit à dix sont formées

d'ouvriers qui ont voulu réellement faire de l'association. Les autres proviennent d'établissements ruinés, dont les ouvriers se sont reconstitués en société sous leurs anciens patrons ou contre-maîtres, pour reprendre l'exploitation de l'usine, avec les capitaux de l'État.

Les 20 associations départementales se composent de grands établissements organisés à peu près sur le pied des fabriques ordinaires. (C'est pour cela sans doute qu'elles ont obtenu la majeure partie des capitaux prêtés.) Les 30 associations de Paris ne comptent que 434 membres, en moyenne, 14 et demi par société. Six d'entre elles comptent 50, 41, 37, 25, 21 et 20 membres. Une de ces sociétés, de 18 membres, a reçu seule 200.000 francs.

Au bout d'un an, il y avait 74 démissions, 15 exclusions, 52 admissions, dont 32 dans une seule société; 14 changements de gérant, dont deux pour malversation. Le nombre des auxiliaires est, en moyenne, de 362. Il dépasse quelquefois celui des associés.

Onze associations paraissent en bénéfice, sauf contrôle. Seize sont en perte plus ou moins grave, trois en déconfiture. Les prêts faits aux associations en bénéfice s'élèvent à 381.000 francs; aux seize en perte, à 356.000 francs; aux trois en déconfiture, à 23.000 francs, dont 10.000 recouvrables.

Parmi les onze associations en bénéfice, on en compte quatre qui sont de vraies associations ouvrières, et de ces dernières aussi six sont en perte ou en déconfiture. Les associés figurent souvent au passif comme créanciers de leur propre société, pour retenue volontaire de salaire. Cette retenue le réduit à un prix inférieur au salaire libre. Les réductions volontaires varient d'un septième à deux septièmes, et dans deux sociétés jusqu'aux deux tiers, c'est-à-dire que, s'ils devaient toucher trois francs, ils se réduisent à un franc.

Ces réductions ont quelquefois pour but d'écraser les patrons par la concurrence. Un ouvrier disait qu'ils se réduiraient au quart du salaire ordinaire, s'il le fallait, et travailleraient quinze heures, pour faire tomber la concurrence des patrons. — « Cette tendance, rare, mais mena- « çante, » dit le rapport, « est un argument « sans réplique contre la subvention de « l'État. »

Une des associations, antérieure à Février, est toute religieuse, vise à la perfection dévote plutôt qu'au gain, tout en bénéficiant. Peu nombreuse. — Sur quatre associations vraiment ouvrières, en bénéfice, l'une montre un travail habile et assidu, mais est tourmentée de divisions nées de rivalités. Dans les trois autres, travail ardent, opiniâtre, discipline sévère, autorité dictatoriale. — Dans tout le reste, ressemblance avec les ateliers ordinaires.

Près d'un tiers de toutes ces associations ne forment que de petites maisons de trois à huit associés. Cinq à six en ont de huit à dix. — Les démissions atteignent le chiffre d'un sixième du personnel. Onze changements de gérants, sur 27 associations, témoignent des tiraillements et des impuissances de ces tentatives. Ces changements sont dus au désir des ouvriers de choisir parmi eux les gérants, qui manquent ainsi de capacité et d'expérience.

Les 362 auxiliaires ou salariés donnent un singulier résultat, c'est l'exploitation des ouvriers par des associations d'ouvriers. Ceci ressemble aux républiques suisses qui avaient des pays sujets. Berne avait Vaud, Uri le Tessin.

Si les associations se propageaient, il est clair que, libres de leur mode de recrutement, elles n'admettraient que les hommes habiles, valides et robustes, à l'exclusion des faibles, des maladifs et des inexpérimentés. Ces derniers ne trouveraient d'emploi que dans les moments de grande activité, et resteraient sans travail dans les jours de chômage et dans les mortes saisons. Nouvelle preuve que l'association partielle n'est qu'une manifestation plus intense de l'égoïsme et ne peut aboutir qu'à une aggravation de l'antagonisme social.

Le rapporteur Lefebvre-Duruflé termine son exposé par une allocution aux ouvriers, toute insinuante et flatteuse. C'est un dithyrambe en l'honneur du salaire, qu'on élève au niveau du traitement des magistrats et de la solde des militaires (très mince honneur, en vérité). Le rapport dénonce aux ouvriers les manœuvres des novateurs qui s'efforcent de flétrir ce nom de salaire, d'y attacher l'idée d'humiliation, et d'en conclure l'état de servitude des travailleurs. Il va chercher dans les ouvrages d'économie politique les définitions savantes et pompeuses du salaire qu'il appelle le *profit de l'ouvrier*, et place à côté les profits du savant et de l'entrepreneur.

Il fait un récit lugubre des malheurs, des faillites des patrons, pour démontrer les incertitudes et les périls de la fabrique et constater l'avantage, pour les travailleurs, d'un salaire fixe et assuré, indépendant des risques de l'entreprise et privilégié par la loi. Il fait du salaire cette peinture riante : « La société n'a pas encore « trouvé un moyen sûr et efficace de dire à la baisse des salaires : « Tu n'iras pas plus loin ! » « mais elle a pu lui dire et lui a dit : « Le salaire « est le prix du travail de celui qui n'a que son « travail pour richesse. Le salaire sera sacré. Il « sera placé, par un privilège spécial, à l'abri « des revers de la fortune, et, pour celui dont il

« est tout le bien, il n'y aura ni soucis à endurer,
« ni honneur à compromettre, ni liberté à perdre. »

Il y a pourtant une ombre légère à ce tableau magnifique, c'est ce paiement du salaire en marchandises, dont le scandale a éclaté récemment à la tribune. Les fabricants prennent le salaire pour débouché de leurs produits avariés ou invendus. C'est aux ouvriers que revient ainsi le plus cruel des soucis du commerce, la plus redoutable des difficultés, c'est-à-dire le placement des produits. On leur rejette sur les bras la solution du problème le plus ardu de l'industrie, et on vient ensuite leur vanter la sécurité du salaire.

Quant aux belles phrases sur l'indépendance des travailleurs, sur la dignité de leur position, égale à celle des classes les plus haut placées, la pilule est encore de plus difficile digestion. Les ouvriers connaissent les articles 414 et 415 du code pénal. Ils savent ce que vaut leur liberté devant la coalition permanente et occulte des patrons. Allez donc persuader aux prolétaires de Rouen, de Mulhouse, de Lille, de Laval, de Lyon, de Reims qu'ils marchent les égaux de leurs maîtres, que le salariat n'est pas l'exploitation, la servitude, l'opprobre ! *Il l'est vu que la machine*

Le rapporteur conclut à ce qu'on termine l'expérience commencée, mais sans la renouveler. L'État ne doit point de crédit aux associations

ne meurt pas de chômage, ce qui lui tient une supériorité injustifiée

ouvrières. Ce serait une injustice, une spoliation des contribuables, des travailleurs libres qui, du reste, ont déjà élevé des plaintes contre ces subventions qui constituent un privilège. Il faut abandonner les associations à leurs propres forces. Si elles présentent des garanties, elles trouveront des capitaux, comme toute autre entreprise.

Février 1850.

PROPOSITION NADAUD-MORELLET

Nadaud prononce un discours qui terrifie la majorité. La droite demeure silencieuse et consternée. Il y a de quoi, si les assertions de l'orateur sont vraies. Nadaud demande la suppression du cautionnement exigé des entrepreneurs qui l'empruntent à usure et en font supporter l'intérêt au salaire. — Deuxièmement, il demande la suppression des intermédiaires entre l'État et les ouvriers, pour les travaux publics. Ces intermédiaires absorbent tous les bénéfices.

Les travaux sont adjugés au rabais à un entrepreneur qui a dû désintéresser ses concurrents. La somme ainsi versée augmente le rabais souvent de plus de 30 pour cent. Il traite ensuite, pour chaque travail, avec un entrepreneur particulier, en gardant un bénéfice de

6 à 7 pour cent. L'entrepreneur particulier sous-traite, moyennant rabais, avec des tâcherons qui font exécuter les travaux et retirent un bénéfice. Celui de l'entrepreneur est de 6 pour cent au moins, celui des tâcherons sur l'ouvrier de 4 pour cent au moins. — Cette série de bénéfices est prélevée sur l'ouvrier et il faut ajouter les intérêts du cautionnement, le pot-de-vin aux concurrents, etc. Certains travaux sont payés à l'entrepreneur 10 francs 50 le mètre superficiel, et par lui à l'ouvrier 3 francs 75. C'est un bénéfice des deux tiers. Si les ouvriers touchaient la somme entière, ils seraient consommateurs plus utiles que l'individu absorbant.

Cette énormité du prélèvement est la même dans presque toutes les industries. Dans un atelier de 80 mécaniciens, on lui disait : « Nous avons « travaillé vingt-huit ans dans le même atelier, « où nous avons passé nôtre jeunesse à 4 francs « par jour. En devenant vieux, nous faisons « moins de travail. On nous remplace par des « jeunes. Après Février, nous nous sommes « associés et, vieux, nous gagnons près du double « de ce que nous gagnions, jeunes, sous des « patrons. Nous avons eu, pendant les vingt-huit « ans, trois patrons. Le premier, après onze « ans, s'est retiré avec 75.000 francs de rentes. »— A ces mots foudroyants, frémissement à droite.— « Nommez-le ! » crie Bertrand, de l'Yonne. —

« Non ! pas ici ; mais je vous dirai son nom en
« particulier. J'ai fait une enquête sur les associa-
« tions ouvrières. Je suis en mesure, je les
« connais. Ce patron avait cent ouvriers. C'est
« un million et demi qu'il a gagné sur leur tra-
« vail. Répartie entre eux, cette somme leur
« aurait donné 1.400 francs par an, et au bout
« de vingt-huit ans, 39.200 francs qui étaient leur
« propriété.

« J'ai copié sur les livres les résultats des
« associations ouvrières. Le vieux système de
« travail est à bout. Il faut supprimer les inter-
« médiaires, dans l'intérêt du producteur et du
« consommateur. — Chez les corroyeurs, le
« prélèvement sur les ouvriers est de 33 pour
« cent. Au chemin du Nord, le prélèvement est de
« 61 francs 50 pour cent. Chez les arçonniers, sur
« une commande de 7.000 arçons, le bénéfice a été
« de 20.720 francs. Maintenant ils n'ont pas de
« travaux. Le gouvernement leur fait concur-
« rence par les soldats de Saumur. — Chez les
« tailleurs de limes, le prélèvement est de 33
« pour cent. Un capital les en ferait bénéficier.
« — Les menuisiers en fauteuil ont mis leurs
« effets en gage pour commencer avec 500 francs.
« Ils ont aujourd'hui du crédit à volonté et 10.000
« francs en caisse. Chez les mégissiers associés,
« la journée s'est accrue de 1 franc 50. — Les
« coiffeurs, après une paye de 50 francs par

« mois, ont partagé 12.000 francs de bénéfices au
« jour de l'an. — Les associations achètent en gros
« leurs denrées. » — Citation d'Adolphe Blanqui.
— L'humanité commande qu'on cesse de sacrifier
au progrès de l'opulence publique des masses
d'hommes qui n'en profiteront jamais. Sortie
contre l'inégalité de la répartition.

Nadaud termine en demandant que l'État traite
pour ses travaux directement avec les ouvriers,
sans entrepreneurs, et leur avance le capital. —
La droite jette les hauts cris. — L'orateur prouve
alors qu'il n'en coûterait pas un centime à l'État,
toujours couvert par les travaux exécutés, et
qu'il devrait à la fin une plus-value. — « Il faut
« en finir », dit-il, « avec les associations
« ouvrières, ou les adopter si elles sont le seul
« système contre la misère publique. »

Léon Faucher, fort penaud, se borne à dire :
« Voilà de grandes nouveautés ! Il s'agit de
« supprimer les intermédiaires et même les chefs
« du travail, et de livrer le travail à l'anarchie. Il
« faut réfléchir avant de répondre. » — L'Assemblée, tout interloquée, reste muette. On renvoie la
discussion à vendredi. Nadaud a du moins rem-
porté un triomphe. Sera-t-il durable ? C'est la
contre-partie du rapport Lefebvre-Duruflé.

1850.

II. — 16

IX

LES PRESTATIONS

Le message du président promettait une loi pour abolir la prestation en nature. Le projet est encore dans les futurs contingents. La commission propose le maintien des prestations. Chavoix montre l'antipathie des paysans pour cette corvée qui du reste n'est pas proportionnelle aux fortunes et ne s'accomplit qu'avec des pertes notables, causées par la mauvaise volonté des prestataires (style parlementaire). Le président de la République et son premier ministère se sont opposés à la réduction de l'impôt sur le sel. Le président de la République et son second ministère ont vivement appuyé et fait triompher le rétablissement de l'impôt des boissons. Appuient-ils le maintien de la corvée, en violation formelle des promesses du message ? Y a-t-il opposition systématique à toute amélioration ?

La droite se fâche. Le ministre de l'intérieur : « Le président a émis un vœu dans son message

« pour l'abolition des prestations en nature. On a
« dû consulter les conseils généraux. En
« présence de la presque unanimité de leurs avis,
« toute résolution a dû fléchir devant la sagesse
« du pays. (Murmures à gauche.) Les conseils
« généraux étaient les meilleurs consultants en
« cette matière. Le gouvernement, en maintenant
« les prestations, obéit à la parole véritable du
« pays... »

Décidément, ces braves gens ont la passion du
fédéralisme. C'est bien vieux, bien usé, bien
absurde. Que d'efforts ridicules pour hausser sur
leurs petits piédestaux ces parlements au petit
pied! On veut absolument créer 86 assemblées
provinciales. Les *Gazettes* de Languedoc, de
Bretagne, de Flandre, etc., sont dépassées. Elles
n'en demandaient pas tant. Quelle monnaie
parlementaire! Que de gros sous, sales et frustes,
à mettre en circulation avec titre fin!

Les conseils généraux doivent adorer la
corvée. C'est le paysan qui la fait. Les centimes
additionnels tomberaient sur les grosses cotes,
en proportion de leur chiffre. Pas de ça! trois
jours de prestation pour tout le monde, pour le
prolétaire comme pour le grand seigneur! C'est
infiniment plus commode et surtout plus juste.
A 1 franc 50 la journée, c'est 4 francs 50 pour M.
d'Aligre et pour le journalier. Cinq centimes
additionnels feraient sortir de grosses sommes

des grosses bourses. Halte-là! Les conseils généraux sont la sagesse du pays. Ils disent que le
paysan doit payer. C'est bien dit.

Resal se fâche contre ce mot de corvée qu'il
trouve absurde. — « Ridicule! stupide! » crie la
droite. — C'est son nom pourtant. Le paysan
n'en connait pas d'autre. On doit trois journées de
travail, de dix-huit à soixante ans, et trois journées d'attelage, — ceux qui en ont. Remplacer par
des centimes additionnels, c'est grever le
propriétaire! Voilà le fin mot! Quant au travail
individuel, l'orateur avoue qu'il y a injustice à
imposer le prolétaire, le journalier. Il demande
une modification sous ce rapport, tout en
maintenant le principe.

Une seule de ses observations est juste, c'est
que le travail de corvée, exécuté en temps de
chômage, est moins lourd qu'un déboursé
d'argent quelconque. D'ailleurs, si le peuple des
campagnes voyait arriver encore 15, 20, 30
centimes additionnels, malgré la suppression de
la prestation, il jetterait de beaux cris! C'est
assez vrai, mais faites payer les riches, et ne
demandez pas toujours aux pauvres.

Discours de Soubies plein de bon sens : « Je ne
« crois pas les populations avides de réformes
« insensées et aventureuses. Mais elles deman-

« dent des réformes justes, légitimes. La
« prestation en nature est injuste par son impro-.
« portionnalité. Les cinq centimes seuls sont
« proportionnels, sauf le privilège des rentiers
« qu'on ne peut atteindre. La prestation en nature
« est une capitation. Trois jours pour chaque mâle
« de dix-huit à soixante ans, quelle que soit sa
« fortune, trois jours pour chaque cheval, chaque
« attelage, ce sont là de véritables capitations. »
— Substituer des centimes additionnels au
travail, rien de plus impopulaire. Les paysans
aiment mieux donner du travail que de l'argent.
C'est d'ailleurs un impôt essentiellement démocratique qu'un impôt payé en travail. C'est un
acheminement à l'association universelle. Rien
d'obscur, d'incertain, d'impénétrable comme les
questions de circulation, d'échange, de monnaie.
L'esprit s'y abîme dans des ténèbres que rien ne
parvient à illuminer. Mais comme tout se
simplifie par la substitution du travail direct à ces
problèmes de circulation ! En définitive, quelle
est la source de toute richesse ? Le travail. Eh !
bien, essayons d'organiser le travail par lui-
même, de créer l'occasion, la facilité du travail
en dehors des moyens de circulation et d'échange
monétaires. La prestation en nature est un
commencement de communauté.

Gillon proposait que le chiffre total des prestations, maintenu dans son intégralité, fût réparti

II. — 16*

entre tous les contribuables, proportionnellement à leurs quatre contributions directes, avec faculté de s'acquitter en nature. — Il y a là le principe du communisme. Qu'on accroisse le chiffre des prestations jusqu'à en faire l'impôt unique, avec faculté de s'acquitter en nature ou en produits, on crée une masse considérable de travaux (par la faculté accordée de payer l'impôt en travail). Canaux, ponts, routes sortiront de cette œuvre commune, et seront à l'instant livrés aux consommateurs. L'acquittement de l'impôt en produits agricoles ou industriels offrirait de tout autres difficultés. L'écoulement serait à la charge de l'État transformé en commerçant. Rude besogne !

Soubies est quelque peu malin. Il parle des expédients imaginés par la commission à propos de ces prestations en nature. Elle trouve l'impôt excellent, fécond en résultats, irréprochable. Malheureusement les populations ont été travaillées dans un but de parti, et sont mécontentes de l'injustice de la répartition. Il faut les calmer. Un membre de la commission disait qu'il n'y avait rien à changer, que la chose est au mieux, mais qu'en raison de la mauvaise humeur des paysans égarés, il faut faire quelque chose *pour l'œil*.

Le mot est bon. Il donne la mesure des roueries de nos seigneurs et maîtres. C'est le fond de

Bonaparte n'a pas d'autre procédé.

L'argot parlementaire devient chaque jour plus
mirobolant. Soubies prétend que le cabinet
Dufaure avait reconnu que l'impôt de prestation
devait être *proportionnalisé* afin d'être *constitu-
tionnalisé*.

Origine de la prestation en nature : loi du
21 mai 1836. Les chemins vicinaux sont à la
charge des communes, construction et entretien.
On prend d'abord dans la caisse communale,
puis on frappe des centimes additionnels.
En cas d'insuffisance de ces ressources, on
s'adresse aux bras, pour ne pas tout demander
aux écus.

Discours de Paulin Gillon, très net et très
catégorique. Iniquité de la prestation. Les
centimes seuls sont proportionnels. Le travail
ne l'est pas. Les attelages de 600 francs donnent
autant que ceux de 6.000. En outre, beaucoup de
propriétés ne nécessitent pas d'attelage : les
étangs, les prairies, les bois. Le propriétaire ne
fournit alors de prestation ni par lui-même, ni
par ses fermiers. — Paulin Gillon cite un journal
dont la correspondance officielle (c'est alors un
journal du pouvoir) dit que dans un département
(non nommé) la haine des campagnards contre
les bourgeois est telle qu'une blouse ne peut plus
souffrir la vue d'un habit. — La droite fait la

grimace. — Baze : « Vous feriez mieux de laisser
« là ces questions. »

Discours de Bocher, ancien préfet du Calvados.
« La prestation en nature est parfaite. J'ai
« défendu l'impôt des boissons qu'on prétendait
« si impopulaire, je défendrai l'impôt de presta-
« tion. Ledru-Rollin ne l'a pas supprimé, quand
« il était gouvernement. Les conseils généraux
« en réclament le maintien. Les conseils muni-
« cipaux le votent, 28.000 sur 30.000, et 16.000
« votent le maximum. Ils peuvent recourir soit
« aux centimes, soit aux prestations, soit à tous
« deux ensemble. Car l'impôt n'est que facultatif.
« De plus, sur 100 prestataires, 85 se libèrent en
« travail et 15 en argent. Ils ont le choix. »

Singulier choix ! Ils n'ont pas le sou ! Quelle
logique ! Voilà des gens contraints de payer ! Ils
payent en travail plutôt qu'en argent, parce qu'ils
n'ont pas d'argent. Donc l'impôt n'est pas
impopulaire.

Bocher : « On n'a pas le droit de déclarer un
« impôt impopulaire, quand les conseils généraux
« et municipaux, organes du pays, ne l'attaquent
« pas, et que les contribuables le paient sans mot
« dire. » — Harangue violente, passionnée.
Éloge de Louis-Philippe. Panégyrique des
bienfaits de la monarchie de Juillet. Elle avait
fait deux grandes lois dont elle était fière, celle
des instituteurs, celle des chemins vicinaux.

L'une vient de tomber. On attaque l'autre.
Bocher se résigne au sacrifice de la première;
mais il se cramponne à la seconde. Les accla-
mations à la monarchie deviennent de jour en
jour plus bruyantes et plus audacieuses dans
cette assemblée. Elle lève le masque.

1850.

X

LOI SUR LE TISSAGE ET LE BOBINAGE

Il s'agit d'empêcher les patrons de filouter les ouvriers, en les payant à un prix fixé pour une certaine besogne, primitivement convenue, tandis que cette besogne a été considérablement accrue par les manœuvres du patron.

Le maître sera tenu de remettre à l'ouvrier un livret contenant l'énoncé du prix convenu, de la quantité d'ouvrage à faire, etc. Cette loi ne semblait pas devoir exciter d'orages. Mais voici un fabricant d'Elbœuf, Sevaistre, réactionnaire renforcé, qui se lève, tout frémissant de colère, et entame une harangue des plus violentes. C'est à la commission qu'il déclare la guerre. La commission a remplacé le projet du gouvernement par une formule générale destinée à régler toutes les conventions entre maîtres et ouvriers, dans les diverses industries du tissage.

Sevaistre traite la commission de communiste, de plagiaire de L. Blanc, tactique décisive pour

enlever l'assemblée. Le brave homme parle bien.
Il a du feu, de la facilité, une rare élégance.
C'est un des styles les plus fluides de l'endroit.
Il ne paraît pas manquer d'une certaine raison.
La commission veut régler les paiements sur
le mètre de surface tissé. Elbœuf se révolte.
Elbœuf paie l'ouvrier sur la longueur du fil
employé. Ses draps doivent être d'un tissu très
serré : c'est le secret de leur supériorité. Si, au
lieu de payer d'après la longueur du fil, on règle
sur la surface tissée, l'ouvrier aura intérêt à
tisser lâche. Il obtiendra ainsi un prix plus fort
pour la même quantité de fil.

Sevaistre a parlé plusieurs heures avec une
colère éloquente. C'est un discours *ab irato*,
mais du moins c'est de l'entraînement, de la
passion naturelle et vraie. On ne l'écoutait pas
au début. Cette assemblée, comme toutes les
assemblées, ne sait pas le premier mot des
spécialités. Elle croyait voter sans conteste le
tissage et le bobinage, tel qu'il sortirait des
doctes flancs de la commission et, en voyant
Sevaistre à la tribune, elle a diagnostiqué
quelque harangue de cru, un discours-réclame
pour le *Moniteur*. Elle causait sur ses bancs.
Mais le colérique orateur a bientôt commandé
l'attention, par sa vivacité d'abord, puis par sa
dialectique. La sortie a été longue et virulente.
Cunin-Gridaine, le rapporteur de la commission,

fesait assez pauvre figure. Il a essuyé de rudes apostrophes, des apostrophes cicéroniennes *ad hominem.* « Vous êtes fabricant de Sedan, » lui disait Sevaistre ; « je suis fabricant d'Elbœuf. « Il ne faut pas mesurer Elbœuf à l'aune de « Sedan. »

Sous cette âpreté, toutefois, il peut bien se cacher la rancune du fabricant, qui se voit enlever une de ses plus fructueuses filouteries. La chose est d'autant plus à suspecter que toutes les chambres de commerce, les chambres consultatives s'emportent fort contre la loi proposée. Il y a là évidemment un intérêt blessé qui n'ose pas formuler tout haut le vrai motif de sa plainte, et qui essaie de la déguiser sous des prétextes d'intérêt général et d'orthodoxie industrielle.

Cunin-Gridaine, le rapporteur si maltraité, a pris sa revanche et traité avec un dédain suprême la philippique de son pétulant agresseur. Mimerel est venu lui porter le dernier coup. L'infortuné Sevaistre n'a trouvé d'autre appui que l'illustre Levavasseur, industriel plus que suspect en matière de désintéressement.

Il résulte de cette discussion une chose claire, l'insigne friponnerie des patrons. Le prix du travail est réglé à la pièce, sans que la longueur de la chaîne soit mesurée. La pièce est censée avoir toujours la même longueur, qui était fixe, autrefois, et déterminait le prix. Or, insensiblement, on a rallongé la chaîne de 80 mètres à 100, de 120 à 140, 160, 180 et même 200 mètres, le prix de la pièce restant le même, c'est-à-dire basé sur la longueur primitive. C'est tout simplement le vol du cinquième, du quart, du tiers, quelquefois de la moitié du salaire. La rapacité, l'improbité des fabricants ont été traduites au grand jour. Le scandale a souvent embarrassé la droite ; mais le moyen de nier ! Mimerel a parlé de la fiévreuse énergie de Sevaistre, revenant à 'la charge, dans la commission, jusqu'à cinq fois de suite, avec son amendement. D'après lui, la valeur totale du tissage en France est de 1.600 millions de francs : 600 millions pour le coton, 450 millions pour la laine, 300 millions pour la soie, 250 millions pour le lin. Toutes ces industries acceptent la loi.

Cette discussion a révélé bien des turpitudes et mis à nu bien des plaies hideuses. On ne soupçonne pas ce qu'il y a de cupidité et d'harpagonnerie chez les fabricants. Un amendement proposait que le prix du salaire fût soldé en monnaie légale. Je n'avais pas deviné la nécessité d'une telle prescription. Quelle découverte ! Quel abîme d'infamies ! Je ne m'étonnerai plus désormais que les ouvriers poursuivent les révolutions, au prix même de leur travail perdu, de leur existence compromise,

au prix du chômage, de la misère, de la famine.
Les révolutions! C'est l'unique soulagement de
leur âme ulcérée, le seul répit à leurs douleurs
morales, l'instant toujours trop court qui relève
leur front courbé dans la poussière. Ah! je le
comprends aujourd'hui, une heure de triomphe
et de puissance, une heure debout pour tant
d'années prosternées! Que d'affronts, et
d'opprobre, et d'humiliations, et d'amertumes!
Quel servage plein de honte! Un ouvrier va
chercher le salaire de son travail. Que lui donne-
t-on? Son modique salaire en espèces, sans
doute? Quelle ignorance de la couleur locale!
Le fabricant le contraint d'accepter, en place
d'écus, des marchandises avariées, qu'il lui
rachète à perte, pour en payer sans rabais une
nouvelle victime, matière à nouvelle spéculation!
La scène d'Harpagon et de ses crocodiles
empaillés se joue chaque jour au naturel dans
des milliers de repaires.

La gauche demande le paiement du salaire
en monnaie légale. — « Non! » dit le rapporteur,
« le prix sera *indiqué* en monnaie légale. » — *O*
turpitude! O rapacité! Qu'importe la stipulation
en monnaie légale! Le *paiement* aura lieu en
marchandises.

« Ce serait la réglementation du salaire, » crie
la droite. « C'est constituer les ouvriers en état
« de minorité et d'interdiction! »

La liberté ! C'est au nom de la liberté qu'on livre l'ouvrier, pieds et poings liés, à la voracité du fabricant ! Point d'ouvrage ou le paiement en marchandises. Il n'y a pas à délibérer longtemps. Subir les conditions du maître ou mourir de faim. La liberté exige qu'on maintienne le travailleur sous le coup de cette alternative. On le tue dans son propre intérêt. C'est le sublime de la conception en matière d'ordre social.

Les fabricants français n'ont pas, à ce qu'il paraît, le monopole de la méthode harpagonienne, ni la gloire de la découverte. L'Angleterre les avait précédés. Mais les exploiteurs d'outre-Manche ne peuvent pas non plus revendiquer le mérite de l'invention. Depuis que le monde est régi par les principes sociaux, c'est-à-dire par la loi du plus fort, et ce n'est pas d'hier, tous ces merveilleux procédés de la juiverie n'ont jamais cessé d'être en pleine prospérité. Le génie de la rapine et du vol légitime a pris son essor depuis la naissance des siècles, et plane, ailes déployées, sur l'humanité.

Voici venir M. Dufournel, demandant qu'on n'empêche pas le bien fait par les grands manufacturiers qui, au lieu de payer leurs ouvriers intégralement en argent, leur fournissent vêtements et vivres à quatre fois meilleur marché que la boutique voisine.

J'ignore pourquoi le procureur général

Baroche, ou le ministre de la justice, n'est pas immédiatement monté à la tribune pour annoncer des poursuites contre les manufacturiers surpris en flagrant délit de socialisme. Lorsque la tribune, le parquet, les chaires de l'Église et celles de l'Académie foudroient ces théories criminelles, impies, antisociales, subversives de la propriété, de la religion et de la famille ; lorsque la simple prédication de ces théories, par la parole ou par la presse, est poursuivie à outrance au nom de la morale et de la société ; lorsque, sur tous les points du territoire, une persécution Dioclétienne s'allume contre les fauteurs de ces doctrines perverses ; lorsque enfin tribunaux, préfets, gendarmes traquent sur les grandes routes, emprisonnent, condamnent, exterminent, *per fas et nefas*, la propagande du socialisme, ne serait-ce pas le dernier degré du scandale et de l'iniquité, que l'impunité, bien plus, la glorification de la pratique la plus complète de ces abominables doctrines ?

Quoi ! des ouvriers payés en logements, en nourriture, en vêtements, au lieu de numéraire ! Une véritable communauté ! des citoyens réunis sous une direction à peu près absolue et nourris, logés, vêtus, en retour du travail qu'ils donnent à l'établissement ! Mais c'est le communisme poussé à ses plus extrêmes limites, le communisme absolu, avec une aggravation que la théorie même repousse, la perte de la liberté, l'immobilisme, l'enracinement éternel sur un point du sol, l'homme fait plante. Les principes communistes stipulent, comme condition indispensable, la faculté de locomotion, le déplacement discrétionnaire de tous les membres de l'association. Et, ici, la force même des choses les parque à jamais, les enchaîne sur l'établissement, à peine de ruine.

Et de pareilles énormités demeureraient impunies! Elles seraient citées, avec de magnifiques éloges, comme des modèles à imiter, à propager par toute la France, et on nous menace de l'invasion universelle de ce système! Nous serions témoins de ce renversement de toutes les idées de justice et de morale, je veux dire la poursuite acharnée, le châtiment sans rémission de la simple théorie, et le panégyrique, l'exaltation de la pratique.

On a bafoué, vilipendé M. Considérant, son quadruple produit, ses bazars sociétaires, et on vient porter à la tribune avec admiration les bazars sociétaires en compagnie du quadruple produit! Des denrées quatre fois meilleur marché qu'à la boutique du coin! N'est-ce pas la pure théorie de M. Considérant? M. Considérant est proscrit, et ses doctrines sont appliquées aux applaudissements unanimes de ses proscripteurs!

Doucement, toutefois ! trêve de bruit et de fanfares ! Voici le correctif et le passeport du communisme de messieurs les fabricants :

« Des fabricants obligent leurs ouvriers à
« recevoir leur nourriture, leur logement, leurs
« habits, à des conditions arbitraires, de sorte
« qu'ils spéculent sur toutes les dépenses
« obligées de ces ouvriers. »

A la bonne heure ! Voilà le côté séduisant du communisme ! Les théoriciens l'enseignent comme un système d'égalité et de bien-être universels ; les patrons se l'approprient avec un léger amendement qui le métamorphose en équivalent de la glèbe, voire même de l'esclavage romain ou colonial. Le brevet de perfectionnement dépasse le brevet d'invention.

Mais que vont dire MM. Thiers, Faucher et *tutti quanti* de l'Académie immorale et du canapé économico-malthusien, apologistes jaloux de l'indépendance et de la sincérité du salaire ? Que deviendra leur admiration de cette liberté d'esprit de l'ouvrier, assuré de sa rémunération quand même, affranchi des inquiétudes, des embarras du fabricant, lequel est en proie à des transes perpétuelles sur l'incertitude des débouchés, l'encombrement des produits, les périls de la concurrence, les fondrières traîtresses du crédit, les hasards de l'échange, les traquenards de la faillite, les angoisses des fins de

mois? Comment faire encore ce tableau couleur
de rose de la vie paisible et assurée de l'ouvrier,
prélevant son salaire avec la même régularité
sur le bénéfice et sur la perte du patron?

Voici les maîtres renouvelant la scène
d'Harpagon, non plus aux dépens d'un dissi-
pateur débauché, mais à la ruine et au désespoir
du travailleur, contraint d'accepter pour espèces
sonnantes les bric-à-brac et les rebuts, transformé, pour vivre, en boutiquier sans chalands,
et en revendeur à la toilette!

Les *principes sociaux* triomphent et l'harpagonnerie est victorieuse sur toute la ligne. Les
prix seront *indiqués* en monnaie légale, mais
payés à conditions débattues, c'est-à-dire en
crocodiles empaillés. La loi sanctionne donc,
après discussion, les filouteries du *troch-system*.
Jusqu'ici, les extorsions s'étaient cachées dans
l'ombre de l'inconnu. Désormais, elles peuvent
s'étaler au grand soleil, légitimées par un vote
solennel de l'Assemblée nationale.

1850.

XI

DISCOURS DU FABRICANT-SÉNATEUR, COMTE DE MIMEREL

Séance du Sénat. — M. Dumas lit un étrange discours du sieur comte de Mimerel, fabricant millionnaire de Roubaix, ex-membre furibond de la réaction constituante et législative, aujourd'hui malade, pas de jeûne ni de misère probablement.

Il résulte de cette tartine que le sieur Mimerel, comme tous les fabricants, a vu et accueilli avec colère et douleur le traité de commerce basé sur le libre échange, que cette liberté « *presque* « *absolue des échanges,* en réduisant presque à « nulle valeur *et de suite* les anciens moyens de « production, a fait une emprise considérable « sur les fortunes laborieusement acquises des « chefs d'industrie, mais que les murs de la « Jérusalem industrielle, ébranlés et menaçant « ruine, se sont raffermis, et qu'aujourd'hui la

« dite Jérusalem industrielle, remise à neuf, se
« montre, sinon radieuse, du moins avec un
« rayon d'espérance ». Je répète les images
bibliques de l'industriel. Seulement, j'arrêterai
là ce débordement de figures, pour traduire en
langue vulgaire la biblico-économico-ratioci-
nation de M. le comte de la Ratine et du Mada-
polam. La voici :

La perfection des machines a successivement
abaissé le prix des produits et accru la consommation, d'où accroissement de travail, bras
relativement plus rares, et par suite élévation
des salaires, de 1 franc à 1 franc 50 dans le Midi,
de 1 franc 75 à 2 francs 50 dans le Nord. Dans les
fabriques du Nord, le salaire est de 2 francs 50
pour les femmes, de 5 francs pour les hommes.

« ... Par suite, » s'écrie l'infortuné millionnaire,
« le spectacle de nos villes est affligeant. C'est
« au cabaret que l'aisance de la famille va
« presque toujours s'engloutir. On chôme le
« lundi, souvent encore le mardi, et, quand vient
« le jour de la paie, on ne trouve plus de quoi
« suffire aux nécessités du ménage. On dit alors
« au patron : « Vous ajouterez tant à mon salaire
« ou je vous quitte. » Ce n'est pas une dette que
« l'on entend contracter, mais un don que fera
« le patron, et le patron obéit. Il paie la
« débauche qui l'appauvrit, comme le *travail*
« *qui devait l'enrichir.* »

Oh! Oh! « *Il paie la débauche qui l'appauvrit!* »
C'est très mal à lui. Il ne faut jamais payer la
débauche, cela est de fort mauvais exemple et
peut conduire en police correctionnelle. Mais
payer la débauche *qui vous appauvrit*, voilà
qui est nouveau sous le soleil,... la débauche des
autres, bien entendu ; car la débauche personnelle est légitimement appauvrissante pour le
sang et pour la bourse.

Par quelle aberration d'esprit M. le comte de
Mimerel s'avise-t-il de payer la débauche
ouvrière qui l'appauvrit ? Est-il fou ? Doit-on
l'interdire ? Faut-il que la police intervienne
pour mettre un terme à si flagrante immoralité?
Quelle force le contraint à payer la débauche
qui l'appauvrit, au lieu du travail qui devait
l'enrichir ? Pourquoi cette folie coupable ?

« Pourquoi ? » hurle le malheureux sénateur
millionnaire, « pourquoi? C'est que l'ouvrier
« ne craint plus que l'ouvrage lui manque. Pour
« un atelier qui se fermerait devant lui, dix
« vont s'ouvrir ; c'est que dans la ville de
« Roubaix, depuis six mois, plus du sixième des
« machines à produire est au repos, parce que
« le personnel travaillant, quoique chèrement
« payé, est tout à fait insuffisant... »

Ah! Ah! « Le personnel travaillant est insuffi-
« sant ? » Est-ce que vous ne connaissez pas cet
article du code de l'économie politique, monsieur

le comte ? Est-ce que vous ignorez le mécanisme de *l'offre* et de la *demande*, cet évangile sacrosaint de la société moderne ? Quoi ! une révolte contre le fondement de notre ordre social, monsieur le sénateur ! Faut-il vous rappeler l'axiome sauveur et protecteur, l'axiome-pivot, l'axiome-Dieu et Roi : *l'offre avilit, la demande renchérit les prix ?*

Si, par hasard, l'offre remplaçait la demande du travail, gémissant millionnaire, est-ce que vous paieriez la débauche qui vous appauvrit ? C'est alors que le débauché vous entendrait invoquer ces tutélaires maximes de l'économie politique auxquelles vous faites aujourd'hui la grimace. La débauche serait immédiatement réduite de 25, 50, 75 pour cent, sinon congédiée et mise à la porte.

Ah ! c'est un don qu'on vous arrache, et vous obéissez. Qui vous force d'obéir ? Fi donc ! sénateur, c'est honteux. Je vous soupçonne cependant moins absurde et moins martyr que vous ne prétendez. La demande de bras prouve la demande des produits et la demande des produits implique la vente à bénéfice. Vous aimez moins vous exécuter et lâcher un salaire plus fort que perdre ce bénéfice de la vente. C'est en soupirant sans doute que vous subissez cette avanie. Il est affreux de ne pas empocher tous les profits de la circonstance, cela se

conçoit, et d'être obligé de faire la part du feu,
je veux dire de la débauche.

Quel renversement de la morale! Les loyers,
les denrées ont augmenté de 50, de 75 pour cent, et
ces coquins d'ouvriers réclament un supplément
de salaire. Ils ne rougissent pas d'exploiter ces
infortunés patrons qui doublent clientèle et
profits. Ils exigent leur part de cette aubaine au
lieu de l'abandonner tout entière au malheureux
millionnaire, comme l'exigent le devoir et la
vertu. O débauche! ô socialisme!

Néanmoins, le comte malade se console, non
pas de sa maladie, mais des malheurs de la
situation. Il y a encore de l'eau à boire. Tout
n'est pas perdu. « La perturbation causée par
« l'invasion de la liberté commerciale s'atténue
« et le temps en effacera les restes. La condition
« du travail est améliorée et place l'ouvrier dans
« une aisance qu'il n'aurait jamais espérée. »

Tiens! ce n'est plus la débauche, c'est l'aisance,
et monsieur le comte semble en prendre assez
lestement son parti. Il ne pleure plus les litres de
bleu extorqués par la force à sa pauvre bourse
sans défense. Il est presque gai. Hélas! ce n'est
qu'une éclaircie. Les nuages se réamoncellent.

« Mais le manque d'ouvriers, mais les
« chômages causés par l'inconduite, mais la
« production que ces chômages diminuent dans
« son importance, en même temps que des

« *exigences inouïes* en élèvent fictivement le
« prix, mais *l'indiscipline* que l'état des choses
« a introduite partout, ne laissent pas d'assom-
« brir cette situation... »

Je croyais les douleurs de la caisse calmées.
Mais on ne digère pas si aisément cette amère
pilule des *exigences inouïes*. Les bras manquent,
il faut subir les conséquences de la rareté qui
les rend chers. Cruelles lois de l'économie
politique ! Que n'imite-t-il les colons, ce désolé
fabricant ? Pourquoi ne pas se faire expédier une
cargaison de coolies qui deviendraient partie
intégrante de ses mécaniques et marcheraient
comme elles par le système des lanières ? Pour
le coup, il serait délivré de *l'indiscipline*, du
chômage et des exigences.

Consolons-nous cependant, tout n'est pas
perdu. Le ciel se rassérène derechef. Les progrès
de la mécanique suppléant aux ouvriers, le
développement des communications raccommo-
deront un peu les affaires.

« Et alors qu'arrivera-t-il ? » s'écrie Jean qui
rit et Jean qui pleure, mais qui n'interrompt son
patois ni dans les rires, ni dans les larmes. —
« Une production que son importance *nécessitera*
« *de déverser* à l'étranger. Le courant de la
« production sera plus actif, mais le fleuve
« industriel sera plus houleux... Il faudra ramer
« davantage. Eh ! bien, nous ramerons !... »

Ce violent exercice attendrit un peu M. le comte de la Camelotte. Ses sueurs imaginaires lui rappellent les sueurs un peu plus réelles des ateliers. Il devient philanthrope sans préjudice de ses rancunes : « *Nos* ouvriers, » s'écrie-t-il dans un accès mélangé de colère, de ladrerie et de patelinage, « nos ouvriers, malgré leur « *désordre* actuel, sont loin d'être de mauvaises « gens. Ils sont aujourd'hui, sans doute, dans « l'exaltation et la fièvre qu'occasionne une « abondance inattendue de salaire. » — Ah! maheureuse abondance de salaire qui donne la fièvre et le transport au cerveau, choléra désastreux, quelle divinité nous délivrera de tes ravages? — « Mais, cette *fièvre calmée*, pourquoi, « comme les *domestiques* de nos maisons, « n'arriveraient-ils pas à apprécier les fruits « d'une sage économie? Pourquoi ne recouvre- « raient-ils pas cette dignité qui enseigne si bien « que l'indépendance est dans le travail et dans « l'accomplissement du devoir? »

L'illustre sénateur trahit sa pensée intime. L'ouvrier modèle, pour lui, c'est le domestique de maison. Ses ateliers seront parfaits quand on n'y trouvera plus que des larbins. C'est alors que l'ouvrier, aujourd'hui égaré par l'esprit de révolte, recouvrera la véritable dignité, celle du laquais. Mieux encore! Pourquoi ne seraient-ils pas courbés sous la verge, dans l'atelier comme dans la caserne?

« Dans nos armées, » s'écrie avec enthousiasme
le noble industriel, « ne les voit-on pas modèles
« de soumission à la discipline ? »

Oui, parbleu ! comte Mimerel, mais hélas !
vous ne pouvez pas les faire fusiller, vous, pour
désertion, pour mutinerie ou pour manque de
respect aux supérieurs. Voilà votre côté faible.

« Confiez-leur la défense de l'ordre, » poursuit
dans son lyrisme le seigneur de Roubaix, « ils
« mourront pour obéir à leur consigne. »

Ah! la belle chose que la consigne! l'idéal de
la civilisation! Pourquoi tout ne se réduit-il pas
à une consigne? Quelle admirable simplification
de l'ordre social! Si MM. Mimerel et consorts
pouvaient mettre leurs ateliers à ce régime,
leurs consignes ne seraient pas compliquées. Il
n'y en aurait qu'une : « Beaucoup de travail et
« point de paie ».

Le chef-d'œuvre de M. le comte de la Tiretaine,
c'est sans contredit sa péroraison. Elle mérite
d'être lue et méditée. Elle explique son discours
et son discours l'explique. Pas de conclusions
plus conformes aux prémisses. Le fabricant-
sénateur entend son affaire et la logique. Qui
veut la fin, veut les moyens. Abrutir pour
exploiter, amener l'homme à la docilité du
cheval, telle est la visée sociale de monsieur le
comte, de *ses descendants* et de ses pareils.
Nous sommes en bonne voie.

« Confiez-leur la défense de l'ordre, ils
« mourront pour obéir à leur consigne. Ils
« mourront en criant : Vive l'Empereur ! —
« Vive l'Empereur ! est encore leur cri, quand
« le dimanche ils se rendent à leurs jeux,
« précédés du tambour et du drapeau de leur
« confrérie. Ils le crieraient bien haut, au jour
« des élections, s'ils savaient s'affranchir des
« subornations de ces esprits inquiets qui
« voudraient ne laisser au souverain ni pouvoir,
« ni initiative. » — Ah ! maudits subornateurs !
Pauvres opprimés ! Il faut les aider un peu, en
expédiant à Cayenne ces criminels subornateurs.
Mais cela ne suffirait pas. — « Ils le crieront
« bien plus encore, quand une sage éducation,
« *longtemps prolongée*, aura inculqué dans ces
« *esprits égarés...* » — Comment ! égarés ? des
hommes qui crient : Vive l'Empereur ! en
mourant et en jouant aux quilles ou à l'oie ?
Ils n'oublient ce cri que le jour des élections.
C'est singulier. — « ...dans ces esprits égarés,
« dont l'âme n'est qu'engourdie, ces principes de
« foi, ces pratiques de morale qui seuls font le
« bonheur de l'homme... » — Espérons que monsieur le comte se fera évêque après sa liquidation
et sa retraite. Il pourra écrire des mandements.
Il possède assez de patois et de tartuferie pour
ce saint métier. Il commencera bien certainement par donner tout son bien aux pauvres. Ce ne

sera qu'une restitution.— « ... quand ils sauront
« et croiront fermement qu'il est quelque chose
« de plus élevé que la raison et la science
« humaine, à savoir : l'intelligence divine qui
« règle le sort des hommes et des nations.

« Oui, cette révolution dans les idées, je l'at-
« tends et je l'espère, car ces hommes, au milieu
« desquels j'ai travaillé, prospéré, grandi... » —
Par lesquels, s'il vous plaît, monsieur le comte,
par lesquels.— « ... au milieu desquels travaillent
« deux générations de mes descendants, j'ai
« défendu leurs intérêts, je les ai toujours
« protégés ; et je les aime ! »

Oh ! oui, vous les aimez, vous les adorez, cela
se voit de reste dans votre discours. La
tendresse vous serre à la gorge. Les paroles
d'amour en débordent... inconduite, cabaret,
débauche, extorsion de salaires, exigences
inouïes, indiscipline, désordre, fièvre, égarement..., c'est une idolâtrie, un tumulte de
transports qui vous coupent la respiration.
Calmez-vous, monsieur le comte, calmez-vous et
ayez bon espoir. Ils seraient bien ingrats, les
malheureux, s'ils n'offraient 25 pour cent de
retenue sur leur paie quotidienne pour se faire
éduquer par les jésuites, selon le vœu de votre
belle âme.

Février 1866.

XII

DISCOURS DU SÉNATEUR BRENIER

Il parle de « l'immense accroissement de « l'industrie et du commerce depuis le coup « d'État. Le chiffre des affaires commerciales à « l'intérieur s'est accru de cinq milliards et « d'autant à l'extérieur... », etc.

Oui, prospérité publique, misère publique. Ces messieurs ne tiennent nul compte de la répartition. Beaucoup de richesses créées, cela leur suffit. C'est tout simple, la création est à leur profit. Le peuple est écrasé de travail et de misère pour les gorger de biens et d'oisiveté. Cet accroissement de richesses n'est, pour le travailleur, qu'un accroissement de souffrances...

Ce développement prodigieux des affaires industrielles et commerciales a-t-il supprimé les caves de Lille et de Laval, le rachitisme des populations manufacturières, la mortalité de 95 pour cent sur les enfants des ouvriers? Non!

Cette marée montante est une marée montante de détresse pour le prolétariat. Chaque création d'usine est une création de malheureux. Partout où il y a un misérable centime à ramasser, accourt une nuée d'affamés qui se le disputent. Les pauvres naissent par millions pour trouver à vivre par milliers. Le reste meurt. Tels sont les bienfaits des gouvernements capitalistes, quels qu'en soient le nom, l'étiquette et la forme.

Le *Rappel*, du 4 septembre, raconte la mort, à Londres, de deux femmes, le samedi 28 août 1869. Mortes de faim. L'une, âgée de quarante-neuf ans, avait au plus 15 shillings par semaine pour une famille de cinq personnes, le mari, la femme, deux fils et une fille. Quelquefois ils ne gagnaient rien. Maison en ruine, plancher percé, point de vitres.

Morte de faim aussi une Irlandaise de vingt-deux ans. Marie, en travaillant jour et nuit, gagnait deux pence et demi, cinq sous. A trois sœurs, elles arrivaient au plus à 4 ou 5 shillings par semaine, 28 centimes par personne et par jour.

Voilà la réponse à l'hymne du sieur Brenier. L'Angleterre peut se vanter, plus que la France encore, du progrès colossal de son activité commerciale et industrielle. Nul pays ne saurait l'égaler dans cette voie. Qu'a-t-elle produit, cette multiplication des richesses ? La multiplication des misères. Il y a balance exacte entre l'excès de la prospérité et l'excès des souffrances. Dans le système capitaliste, l'une engendre les autres. La croissance est parallèle et obéit à la même loi. Jouissance effrénée pour quelques-uns, agonie de la masse. L'Angleterre est sans rivale dans l'univers comme terre d'opulence et comme terre de douleurs.

Septembre 1869.

NOTES

I

BANQUET A CORBIE (Somme) POUR CÉLÉBRER LES BONNES DOCTRINES

La garde nationale des cantons voisins, une députation de celle d'Amiens, formaient les éléments de ce banquet de 200 couverts, qualifié magnifique par l'historiographe. 200 couverts magnifiques, c'est peu de convives et beaucoup de luxe pour représenter la population agricole de plusieurs cantons. Les passages des discours en l'honneur de l'ordre et de la nécessité de combattre l'anarchie ont été chaleureusement applaudis par les *travailleurs* assis à ce mémorable banquet. Les cantons de la Somme ne s'étaient pas mis en grands frais de *travailleurs* pour une si grande solennité. Combien s'en trouvait-il sur 200 convives ? Pas même de quoi représenter les figurants dans un banquet champêtre d'opéra. « Nous sommes heureux, » dit le narrateur, « de constater ce fait » (les applaudis-

sements des figurants). . « Il prouvera aux prédi-
« cateurs de socialisme qu'ils n'ont pas fait
« jusqu'ici de grands progrès dans la population.
« si intelligente et si laborieuse de la Somme. »
Admirez d'abord avec quel scrupule ces austères
amis de l'ordre s'abstiennent de toute flagornerie
à l'égard du peuple. Flatter les masses, fi donc!
Bon pour les propagateurs de doctrines perverses. Les honnêtes gens ne parlent aux
ouvriers que le langage sévère de la vérité et du
devoir. C'est ici une occasion bien naturelle de
se relâcher un peu de cette rigidité, en présence
des résultats conquis par les principes d'ordre et
de conservation. Une dizaine de travailleurs repré-
sentaient au banquet tout ce qui, dans plusieurs
cantons, n'a pas été perverti par le socialisme.
« On sait en effet que le canton de Corbie est
« l'un de ceux sur lesquels les agents du
« socialisme ont principalement dirigé leurs
« efforts. Mais là, comme ailleurs, les ouvriers
« qui ont du bon sens et qui sont honnêtes les
« laissent dire et apprécient pour ce qu'ils valent
« leurs perfides conseils et leurs odieuses sug-
« gestions. » — Quel dommage de n'avoir pu
ramasser, dans plusieurs cantons, que dix ou
douze de ces ouvriers honnêtes et sensés! Et
quel ridicule de publier à si grand bruit de trompettes sa propre déconvenue !

1849.

II

Un arrêté du préfet du Nord vient d'interdire les sociétés fraternelles des ouvriers fileurs de Roubaix et de Tourcoing, sous prétexte que leurs statuts contiennent des dispositions favorables au chômage et aux grèves, et qu'elles ont cessé d'être industrielles pour devenir politiques. Partout le pouvoir resserre le cercle autour des travailleurs, et poursuit ses travaux de circonvallation pour les cerner.

1849.

III

Coalition, à Lille, d'ouvriers fileurs pour demander la vérification de leur travail. Volés par les patrons, ils se coalisent pour exiger qu'on *mesure la quantité d'ouvrage accomplie.*
Emprisonnés et condamnés.

1849.

IV

UN MOT DE CH. DUPIN

Philippe de Girard. « Comme tous les inven-
« teurs, il est mort pauvre », dit Ch. Dupin.
Simple parole, coup de hache de son propre discours, réfutation écrasante de ses hosannas à la
gloire de l'ordre social.

1849.

V

WALRAS LA PALISSE

Tartine Walras sur la valeur d'échange qui
ne provient ni du travail, ni des frais de production, ni de l'utilité, etc. Billevesées dignes du
pathos théologique. L'auteur attribue la valeur
d'échange à la *rareté* et prétend avoir fait le
premier cette découverte que les valeurs échan-
geables sont d'autant plus chères qu'elles sont
plus rares. Personne n'avait soupçonné cette importante vérité avant M. Walras. Nul ne se doutait

que le sucre était cher sous l'empire parce qu'il n'y en avait pas ; que si le pain se vend 20 francs la livre dans une place assiégée, c'est à cause de sa rareté, et M. Walras est venu au monde exprès pour révéler cette grande nouvelle. Les économistes, Ricardo, Smith, Say, Mac Culloch, etc., n'avaient jamais songé à cette vérité de M. de La Palisse, pas même lorsqu'ils posaient la loi de l'offre et de la demande, qui n'est que l'abondance ou la rareté du travail, d'où suit le bas prix ou le haut prix de ce travail. Et les cuisinières ? Elles ne se doutent pas que, si le poisson est cher à la halle, c'est que la marée manque. Ce brave homme a découvert, lui aussi, la Méditerranée ; et mieux encore, il a découvert que 2 et 2 font 4.

1849.

VI

CONTRE PARIS

Projet opiniâtre de vider Paris, de disperser sa population de travailleurs. Sous prétexte d'humanité, on propose hypocritement de répartir dans les 38.000 communes de France 75.000 ouvriers atteints par le chômage.

Janvier 1849.

VII

UN MOT DE ROUHER

Rouher s'écrie : « Il faut ruiner l'industrie des « journaux, détruire le capital qui alimente la « presse. » — Nos ennemis ne mâchent ni ne marchandent pas. Ils anéantissent le capital qui sert à l'instruction du peuple ! Et les révolutions s'agenouillent devant le capital qui l'opprime ! Elles proclament son inviolabilité et son omnipotence. Trahison et crétinisme ! Voilà, depuis vingt ans, la politique de nos prétendus révolutionnaires.

185..

VIII

Communisme et Proudhonisme se disputent avec acharnement, au bord d'un fleuve, pour décider si l'autre rive est un champ de maïs ou un champ de blé. Ils s'entêtent à résoudre la question avant de franchir l'obstacle. — Eh ! passons d'abord ! Nous verrons là-bas !

185..

IX

Les probabilités de vie, au moment de la naissance, sont de vingt-neuf ans pour les enfants du riche, de deux ans pour ceux du pauvre. (Industrie cotonnière.)

185..

X

Les grands doivent rester à genoux pour que leur tête ne dépasse pas le niveau.

185..

XI

Un riche mort, c'est un gouffre fermé. Tout gain, sans perte.

185..

XII

Le socialisme réunit tous les mérites. Il est sérieux et bouffon; il instruit et il amuse. Proudhon et L. Blanc ont dit d'excellentes choses; pourquoi n'en diraient-ils pas de burlesques? Leurs querelles sont le côté plaisant du socialisme: Ils ne seraient pas si complets, s'ils n'étaient pas un peu ridicules. C'est une grâce de plus. Proudhonisme et communisme, fifre et tambour. Les deux instruments ne se ressemblent guère, mais ils se marient fort bien et peuvent faire danser très agréablement la société.

185..

XIII

Les paysans crient: Mort aux riches! — Traduction économique: A bas la rente! Ils ne crient pas encore, mais ils ne tarderaient pas à crier: Vive l'association! Ouverture du bal par Proudhon, finale par Cabet.

185..

XIV

LES FRAIS GÉNÉRAUX DE PRODUCTION

Proudhon affirme que si chaque individu pouvait travailler isolément, pour son propre compte, les frais généraux de production seraient nuls. Ils atteindraient leur maximum et dépasseraient de 100 pour cent la valeur du produit, si toutes les industries étaient centralisées en une seule sous la direction de l'État.

C'est une question. Les frais généraux, au surplus, ne sont pas les seuls. Il en est qui dépendent du degré de perfection des instruments, de la division plus ou moins savante du travail, de la simultanéité des efforts, etc.

1850.

XV

Discours prononcé à l'asile agricole de Cernay : « C'est en apprenant à l'enfant du pauvre la « résignation, la sobriété, l'ordre, le talent de se « contenter de peu, en l'accoutumant de très « bonne heure au travail assidu, en l'élevant

II. — 18*

« dans la simplicité, qu'on jette les bases de son
« bien-être, qu'on prépare à notre jeune géné-
« ration un avenir plus heureux et plus tran-
« quille. »

1850.

XVI

TROIS REMÈDES

Le *Moniteur* s'oublie et devient factieux. La
tête tourne décidément à tout le monde. Le journal officiel ne s'avise-t-il pas de citer un article
d'économie politique de l'*Athenæum*, fait à
propos de deux ouvrages anglais, article qui peut
être considéré comme un acte d'accusation en
forme contre la société moderne. Il ne s'agit, il
est vrai, que de l'Angleterre. Mais les conditions
sociales sont identiques dans les deux pays. Les
conclusions portées contre l'un retombent sur
l'autre.

L'article, du reste, est bien le galimatias le
plus lourd, le plus assommant, le plus inextricable tissu de phrases entortillées, la dissertation
la plus pédantesquement endormante que ce
digne *Moniteur* ait pu découvrir pour l'orne-
mentation de ses colonnes. Mais, en définitive,

les faits se repêchent dans cette mare bourbeuse, et ils sont significatifs.

L'auteur cite deux périodes de l'histoire anglaise où la masse entière de la société était en possession de tout ce qui est essentiel au bien-être de la vie. C'est le siècle ou le siècle et demi qui a précédé l'avènement d'Édouard VI, et les cinquante années qui ont suivi l'avènement du premier prince de la maison de Hanovre.

Passe pour cette seconde période. Mais quant à la première, il faut convenir que l'économiste a fait choix d'un singulier temps pour célébrer les douceurs et le confortable de la vie en Angleterre. Cette période embrasse le XVe siècle et la première moitié du XVIe, c'est-à-dire les années les plus terribles de la guerre de Cent ans, entre la France et l'Angleterre, de 1415 à 1450, puis l'effroyable guerre civile des Deux-Roses, de 1450 à 1490, et enfin le règne de Henri VIII. Un historien et un philosophe seraient embarrassés pour découvrir, dans la longue série des siècles et des empires, une époque sillonnée d'autant de désastres et de calamités. Les économistes, à ce qu'il paraît, voient autrement et possèdent un critérium spécial des malheurs ou des félicités publiques. Voilà une appréciation originale de cette partie des annales anglaises, que les moralistes ont proclamée écrite avec du sang par la main du bourreau.

L'auteur passe en revue les causes principales de la misère d'une nation.

Trois problèmes à résoudre, dit-il, pour remédier aux maux de la société : 1° trouver plus de capital ; 2° plus de travail ; 3° plus de terres pour les populations pauvres.

Ces trois prétendus remèdes, ces trois précieux spécifiques ne sont pas même des palliatifs, ou plutôt ne sont que des non-sens et des impossibilités.

Trouver plus de capital, c'est précisément ouvrir plus large la source des calamités. L'assertion peut paraître hardie, quand l'opinion à peu près universelle voit un bienfait dans l'accroissement des capitaux, et l'appelle comme la manne de secours et d'abondance.

Tout dépend de l'organisation qui préside à l'emploi de ces capitaux. Dans l'ordre actuel, leur multiplication est le fléau par excellence, la source de toutes les détresses populaires, parce que leur formation, fruit de la rapine, engendre de nouvelles rapines et ainsi de suite, indéfiniment. L'accroissement du capital, c'est l'accroissement de la dîme qu'il perçoit sur les travailleurs, et cette dîme est justement l'origine de tous leurs maux. — Prospérité publique, misère publique.

Trouver plus de travail est une chimère, si l'on prétend rendre cette augmentation indépen-

dante de celle du capital; et, si les deux accrois-
sements sont parallèles, chose obligée dans
l'ordre actuel, la conséquence est l'aggravation
de la misère.

Trouver plus de terres, c'est courir après
l'impossible et l'inutile. La colonisation est
impuissante et épuisante. Impuissante, car elle
n'allège en rien le mal, par suite du remplacement
immédiat des populations émigrées ; épuisante,
par le chiffre des frais, supérieurs à celui qui
assurerait l'aisance dans la mère-patrie aux
citoyens exportés. Tirez-vous de ce gâchis, messieurs les économistes.

1850,

XVII

PASQUINADE

Michel Chevalier s'avise d'une plaisante pasquinade. Adam Smith était professeur de morale à
l'université de Glasgow, et son fameux ouvrage
De la richesse des nations n'est que le résumé de
son cours. Donc, l'économie politique descend en
droite ligne de la morale. Elle en est la fille
légitime, il n'a pas osé dire la fille unique. Voilà

une généalogie merveilleusement établie! Pends-
toi, d'Hozier, tu n'aurais pas découvert celle-là!

Janvier 1850.

XVIII

L'OCTROI DE PARIS

Le *Journal des Débats* dit : « Il y a déjà long-
« temps que l'octroi de Paris est un octroi de
« bienfaisance. » — Économie politique de
Robert-Macaire. On demande au peuple l'argent
avec lequel on lui paie ensuite son travail. Cela
revient à lui demander son travail pour rien.

Février 1850.

XIX

LE « MONITEUR » ET CH. DUPIN

Le *Moniteur* dit dans un article : « ... Il faut
« diminuer l'action meurtrière des maladies
« épidémiques et retenir sur une pente déplo-
« rable des populations qui s'étiolent et s'abâtar-

« dissent de plus en plus, comme ne le prouvent
« que trop les travaux du recrutement. »

Comment le *Moniteur* se mettra-t-il d'accord
avec l'illustre Ch. Dupin, lequel prétend que tout
est au mieux dans le plus civilisé des mondes
possible, que la longévité fait des progrès continus, que le bien-être, la santé, le bonheur des
classes ouvrières sont en voie constante d'accroissement, que le peuple est de mieux en mieux
vêtu, logé, nourri, que le salaire augmente, etc.?
Oui, comment ces deux officiels se mettront-ils
d'accord ? J'imagine que c'est le dernier de leurs
soucis.

                                    Juillet 1850.

XX

LES MACHINES

Académie immorale. Discussion sur la détresse
des Flandres. — Barbares discours de Léon
Faucher et de Passy. Sacrifice de populations
entières qui doivent périr pour faire place à une
machine et dont la mort est le prix d'un progrès
dans l'industrie. Millions d'hommes immolés sur
l'autel du Moloch industriel.

                                    1851.

XXI

Richelieu par J. Caillet. Ses maximes, sa politique. Règlement de 1625 : « Considérant que la « grande quantité de collèges qui sont en notre « royaume fait que, les plus pauvres faisant « étudier leurs enfants, il se trouve peu de gens « qui se mettent au trafic et à la guerre, qui est « ce qui entretient les États, nous voulons qu'il « n'y ait plus de collèges, si ce n'est dans les « villes ci-après dénommées. » — Il ne laisse que douze villes ayant chacune deux collèges, un de jésuites, un séculier. Paris a quatre collèges, un de jésuites, trois séculiers.

Richelieu dit : « Tous les politiques sont d'ac- « cord que, si les peuples étaient trop à leur aise, « il serait impossible de les contenir dans les « règles de leur devoir. »

« ... Ayant moins de connaissances que les « autres ordres de l'État, les travailleurs, beau- « coup plus cultivés et plus instruits, s'ils « n'étaient retenus par quelque nécessité, diffici- « lement demeureraient-ils dans les règles qui « leur sont prescrites par la raison et par les lois. « S'ils étaient libres de tributs, ils penseraient « l'être de l'obéissance... Les peuples sont comme

« les mulets qui, étant accoutumés à la charge,
« se gâtent par un long repos plus que par le
« travail. Mais leur charge, comme celle de ces
« animaux, doit être proportionnée à leurs
« forces. »

M. Guizot a dit : « Le travail est un frein. »
C'est la même pensée.

.1857.

XXII

Engraisser un peuple comme la volaille, en lui
crevant les yeux et le mettant sous la mue.

1857.

XXIII

Citation curieuse des œuvres de Napoléon III. La
brochure réclame des tarifs protecteurs pour les
produits agricoles, le maintien de l'échelle mobile,
le bas prix de la main-d'œuvre, le travail offert
et au rabais, bref, une série de mesures en faveur
de « l'agriculture », et pour lui « agriculture »
est synonyme absolu de « propriétaire ».

1859.

XXIV

LE RANÇONNEMENT UNIVERSEL

Le décime de guerre est devenu le décime à perpétuité. Le pourboire des garçons de café, d'abord bénévole, s'est changé en impôt fixe, que le patron s'approprie. Le garçon, au lieu d'être payé, paie sa place et s'indemnise avec les générosités du consommateur.

Dans les hôtels, l'ancien pourboire s'inscrit maintenant sur la note, à titre de service, et le chiffre en va croissant. Le voyageur paie d'abord ce service, pourboire officiel, puis un nouveau tribut que le garçon ne manque pas de réclamer comme son unique salaire.

Dans les administrations, le prix fixe, le seul qu'on annonce, est suivi d'une foule d'appendices qui doublent la dose, et il faut s'estimer heureux, quand elle ne va pas jusqu'au triple.

186..

XXV

LE LUXE

Le luxe, dépense du riche, crée une industrie et un commerce aléatoires qui flottent constamment entre l'exagération des profits et la faillite.

186..

XXVI

Lourd et vulgaire article de Baudrillart sur un nouvel ouvrage de Louis Reybaud. A ce propos, allusions au livre des *Réformateurs* de ce même champion réactionnaire, Reybaud, et railleries attiques contre les pauvres utopistes, foudroyés une nouvelle fois au nom de la morale éternelle.

1862.

XXVII

LES ROUTES

Revue des Deux Mondes du 1er mars 1862 sur l'agriculture belge. — L'article dit que, si, dans un pays, la terre est fertile et la culture bien entendue, l'absence de routes maintient l'abondance des denrées, l'aisance générale et l'absence de la misère; que la fréquence des voies de communication élève le prix des immeubles, des produits et le taux de la rente.

Il ne faudrait pas beaucoup d'assertions de ce genre, avec les preuves à l'appui, pour faire supprimer les routes. Car il est bien avéré par l'expérience que le haut prix des denrées et des immeubles, joint à l'élévation de la rente, est un triple fléau qui engendre la misère et fait le malheur des peuples. Que peut-on au contraire souhaiter de plus que le bas prix des denrées, l'aisance générale et la suppression de la misère? — Ce seraient là de singuliers résultats des progrès économiques et des perfectionnements de la civilisation. Il y a un malentendu et un mystère là-dessous. La cause réelle de l'effet signalé doit résider, non dans les routes, mais dans les lois sociales et politiques. Ce sont les gouvernements, et non les grands chemins, qui sont responsables de la misère et des désordres.

1862.

XXVIII

L'HOPITAL, PROVIDENCE DU PAUVRE

Journal des Débats. — Article-variétés d'un médecin jésuite, M. Daremberg. Sa panacée contre la misère du peuple. L'aumône, l'hôpital, l'idée chrétienne sous la forme de la société de Saint-Vincent-de-Paul. Il dit :

« La philanthropie est impuissante à consoler. « Elle redoute les pauvres plus encore peut-être « qu'elle ne les affectionne. » — Ceci ressemble fort à la vérité, mais voici autre chose : « La « philosophie est inhabile, sauf des exceptions « fort honorables, mais très restreintes, à main-« tenir les âmes dans le sentiment du devoir et « de la vertu. »

Il faudrait définir d'abord les mots : *devoir* et *vertu*. Aujourd'hui chaque mot signifie des choses diamétralement contraires. Lorsqu'une expression, avec le sens admis qui est celui du bien, est devenue un drapeau populaire, l'ennemi s'en empare pour le planter sur l'idée absolument opposée et la faire accepter sous son pli. Exemples : modération — liberté — devoir. — Véritable sens de ces mots dans leur nouveau camp : — égorgement, esclavage, égoïsme.

C'est à propos de l'ouvrage de Jules Simon, l'*Ouvrière*, que le médecin jésuite débite son onguent chrétien. Il s'écrie : « L'hôpital, c'est la « vraie providence du pauvre ! ». Consolante providence !

Janvier 1862.

XXIX

LA TRAITE

On dit la traite abolie. Voici un extrait du *Phare de la Loire* du 5 novembre 1863 (Bulletin commercial), qui prouve sans doute cette abolition. Ce n'est là ni un article politique, ni un article statistique, mais tout simplement un extrait du bulletin des marchandises, qui figure à la dernière page du journal, entre le prix des blés et celui des huiles et des spiritueux, sous la rubrique : *Travailleurs*.

« Nous avons reçu par le *Christophe-Colomb*

« une centaine d'Annamites *d'un bon choix*. Leurs
« engagements, qui ont été contractés pour six
« ans à *dix* francs par mois, ont été en grande
« partie cédés à fr. 300.

« Le *Canova* nous est arrivé de Yanaon avec
« 428 Indiens qui ne tarderont pas à être répartis
« par la Compagnie agricole. Ce convoi est
« malheureusement le dernier pour cette année,
« et il nous faudra attendre l'hivernage pour
« recevoir de la côte de Coromandel de nouveaux
« envois d'engagés. Les besoins de travailleurs
« sont toujours très grands et, malgré la gêne
« qui règne, aucun de ceux arrivés par le *Canova*
« ne restera sans être retiré par les habitants qui
« ont droit à cette répartition. »

Ceci est bien l'esclavage des jaunes et des
bruns, remplaçant l'esclavage des noirs. Cent
Annamites esclaves pour six ans, à dix francs
par mois, 33 centimes par jour, et vendus
300 francs chaque. Ces 300 francs représentent
le prix du transport.

Pendant six ans, ces esclaves appartiennent
corps et âme au maître qui les a payés et ils sont
condamnés au travail forcé. Pourvu qu'ils vivent
jusqu'au terme de l'engagement, c'est tout ce
qu'il faut à l'acheteur. Peu lui importe, les six
ans expirés, de mettre en liberté un cadavre. Du
moins, il avait intérêt à ménager le noir qui était
un gros capital. Ici, il achète à fonds perdus. Son

affaire est de tirer de la bête de somme tout le travail qu'elle peut donner pendant le bail d'exploitation.

1863.

XXX

SAINT-SIMONIENS. — CRÉDIT INTELLECTUEL

Société du Crédit intellectuel proposée aux Saint-Simoniens par Enfantin pour embrigader tous les ouvriers de la pensée sous les ordres et au service de la féodalité financière. Coupons d'actions délivrés aux savants, écrivains, artistes, etc. Avances et prêts faits aux mêmes sur évaluation de leur mérite pris pour hypothèque. Par ce moyen, on fera disparaitre le chômage intellectuel, on enrôlera la pensée sous les drapeaux de la Bourse et on convertira des démons en anges. L'intelligence deviendra une auxiliaire, une servante du monde financier, au lieu d'en être l'ennemie la plus redoutable.

Les Saint-Simoniens ne trouvent pas l'idée pratique et refusent de tenter l'expérience. Ils se doutent bien qu'il y aurait quelques réfractaires, ce qui suffirait pour que le but fût manqué. Ceux-là deviendraient tout et les embrigadés rien.

Mars 1863.

XXXI

UNE CIRCULAIRE ÉLECTORALE

Circulaire électorale du fameux fabricant de chandelles, Adolphe de Milly, modèle du genre, pièce curieuse, digne d'être conservée dans les archives universelles.

« J'ai passé ma vie entière au milieu des classes « laborieuses; j'ai touché du doigt bien des plaies « sociales » — pour y cueillir des pièces de cent sous; — « j'ai gémi de bien des maux » — qui m'ont valu de grands biens; — « je reconnais, « hélas! que toutes les infortunes ne peuvent « pas être soulagées », — sans ébrécher considé- rablement mes millions; — « mais il est, dans « mon opinion, de grands adoucissements à « apporter au sort de l'ouvrier », — cette variété particulière de bipèdes encore mal connue. — « *Que* l'enfant *que* les hasards de la naissance « ont placé dans les derniers rangs de la société » — qui n'a point de rangs en vertu de la loi, — « cesse d'être injustement condamné à y végéter « toute sa vie », — c'est-à-dire à y fabriquer des bougies de l'Étoile pour mon compte, — « qu'il « jouisse des bienfaits de l'éducation d'une manière « plus efficace et mieux entendue », — pourvu que

II. — 19*

le commerce n'en souffre pas, — « que son cœur « se moralise », — à l'exemple du cœur des fabricants, — « que son esprit se développe et se « fortifie », — sans manquer la cloche de la fabrique, — « et, plus tard », — avec le temps, quand mes arrière-petits-fils seront morts, — « la mesure du classement des hommes, dans « l'ordre social, dépendra de la valeur intellec- « tuelle et morale de chacun d'eux » — et non plus de la valeur et du nombre de ses bougies.

« Respectons les lois de la société et les droits « acquis » — les droits acquis surtout et encore plus les droits acquittés ; — « mais ne perdons « jamais de vue que l'amélioration de l'état moral « et intellectuel de l'homme est le résultat le plus « précieux du progrès et de la civilisation » — bien entendu, après l'amélioration des bougies et des savons de l'Étoile.

Signé : « Adolphe de Milly, fabricant des « bougies et savons de l'Étoile, à Saint-Denis « (Seine); officier de la Légion d'honneur, nommé « à la suite de l'Exposition universelle de 1851 ; « membre du jury à l'Exposition universelle de « 1862 ; membre de la commission des comptes « (administration du chemin de fer du Nord) », — enregistré, baptisé et vacciné.

Mai 1863.

XXXII

MISÈRE

Luxe... Pauvreté. — Prospérité publique...
Misère publique. — Palais... Bouges. — Dia-
mants... Haillons. — Orgies... Pain noir. —
Partout et toujours ces deux termes sont le
complément l'un de l'autre.

Octobre 1863.

XXXIII

LES PRÉLÈVEMENTS DU CAPITAL

Ressources de l'épargne en France depuis 1852
et leur emploi, d'après une brochure de M. F.
Blanc. La somme des titres créés et par conséquent des placements correspondants est de
12 milliards, savoir :

Chemins de fer français.	4.500 millions.
Chemins de fer étrangers, émis en France.	2.000 —
Emprunts d'États.	2.500 —
Emprunts de villes et dépar-tements.	1.200 —
Entreprises de commandites.	1.300 —
Banques.	500 —
Total...	12 milliards.

Il faut y ajouter les valeurs non négociables :
livrets de caisses d'épargne, comptes courants,
capitaux de la dette flottante, etc.

En portant en compte les améliorations faites
à la terre : dessèchements, mises en culture,
plantations, constructions, on arrive à un capital
de 20 milliards, représenté par un accroissement
de production correspondant. Tout cela s'est fait
en onze ans, ce qui suppose une économie annuelle
de 1.800 millions sur la production.

L'impôt est de 1.800 millions aussi. Ce serait
donc un prélèvement de 3 milliards et demi sur
la production annuelle, avant de mettre un morceau sous la dent.— On évalue l'impôt au sixième
du revenu et on pourrait bien dire au cinquième.
La France économise un autre sixième et ne
consomme dès lors que les deux tiers de son
revenu. Un tiers est prélevé comme impôt et
comme économie. Si l'impôt représente un cinquième, il ne reste que les trois cinquièmes
pour la consommation. L'économie annuelle de
l'Angleterre est évaluée à 1.500 millions.

Tous ces débitants de statistiques financières
sont des saltimbanques.

Avril 1863.

L... donne sur le revenu national l'aperçu
suivant :

Total du revenu : 17 milliards.

A l'impôt, 3 milliards ; au capital de toutes formes, 7 milliards ; aux travailleurs, 7 milliards

L'impôt serait ainsi d'un peu plus du sixième du revenu. Le capital prélèverait, comme dîme, la moitié du produit du travail. L'impôt étant, en dernière analyse, payé par les travailleurs, le travail serait ainsi dépouillé de 10 milliards sur 17. Il ne conserverait du fruit de ses labeurs que 0 41 et se verrait enlever tout le reste : 0 59.

Octobre 1869.

La somme des créances hypothécaires en France est de 14 milliards ; celle des créances chirographaires, de 6 milliards ; la commandite était en 1850 de 2 milliards. Elle est au moins du double en 1870. La dette est de 12 milliards. Total, 36 milliards au moins.

C'est un intérêt annuel de 1.800 millions payé au capital-argent. En y joignant l'impôt, moins la dette déjà mentionnée, 1.600 millions, on trouve 3 milliards quatre cents millions d'intérêts payés chaque année au capital-argent.

Le prix des fermages et des loyers n'est pas compris dans ce chiffre.

Sur les 10 milliards que produit la France, l'usure dévore au moins 6 milliards. Il reste aux travailleurs 40 pour cent de ce qu'ils ont seuls créé !

1870.

XXXIV

OUVRIÈRE A LONDRES

Traduite en justice pour avoir engagé des chemises qu'on lui avait données à coudre. Il résulte des débats que le prix de façon d'une chemise est de 18 centimes.

La patronne soutient qu'une bonne travailleuse doit faire six chemises par jour, avec les doigts, le fil et les aiguilles, sans machine à coudre. Dix-sept heures de travail pour gagner 1 franc 8 centimes.

Décembre 1864.

XXXV

LE TRAVAIL DES ENFANTS.

Article Michel Chevalier sur le travail des enfants dans les manufactures. Rapport de M. Barreswil, inspecteur général *ad hoc*.

Le passage le plus curieux de cet article est l'accaparement, par les sœurs de Saint-Vincent-de-Paul, des enfants du faubourg Saint-Antoine. Je cite :

« Le rapport de M. Barreswil signale l'heu-« reuse intervention en cette affaire (l'instruc-« tion des enfants) des sœurs de Saint-Vincent-« de - Paul, intervention qui, comme tant « d'excellentes choses, est née du hasard. » — Plus souvent ! Les jésuites mâles ou femelles ne font rien par hasard.

« En 1864, 400 enfants ont suivi les leçons plus « ou moins assidûment. Dans le nombre, quel-« ques-uns n'avaient pas même été baptisés. » — Ce mot est profond. N'être pas baptisé ! horreur ! dernier degré du crime !

« Grâce à ce courant nouveau, si nous savons « en profiter, nous ne verrons plus dans nos « capitales des milliers d'enfants se perdre et « devenir des *instruments de désordre*. Cette « jeunesse, aujourd'hui dégradée, sera encadrée « dans les rangs de la civilisation que présente-« ment elle afflige et dégrade. »— Elle sera encadrée dans les rangs des jésuites et deviendra l'armée des ténèbres et de la contre-révolution.

Suit un passage où l'on raconte comment les chefs d'industrie, effrayés, l'année dernière, des coalitions, ont résolu, afin d'y parer dans l'avenir, d'élever des enfants à la brochette, pour les façonner à la discipline et à la soumission, moyennant des cités ouvrières, des ventes spéciales de vivres et autres rubriques pour mettre le collier au cou.

« Comme entreprise collective en faveur de « l'enfance ouvrière, M. Barreswil mentionne « l'*Œuvre des enfants du papier peint* qui est en « train de se constituer et sur laquelle il fonde « beaucoup d'espérances. » — On connait ces espérances. Reconstituer une génération de brutes, dressées dans l'ombre, le silence et l'isolement, cloîtrées entre les mains des jésuites qui les élèveront pour la grande œuvre de l'encyclique, la résurrection de la société moyen âge.

« Ce n'est pas une des circonstances les moins « remarquables que la facilité avec laquelle « les enfants se prêtent, dans ces établissements, « à contracter des habitudes nouvelles, et l'em-« pressement qu'ils mettent à devenir propres, « polis et rangés. » — Propres, à la bonne heure. Mais *polis* et *rangés*, on sait ce que ces mots signifient dans le dialecte jésuitique. Cela veut dire : hypocrites, dissimulés, obséquieux, faux, cauteleux, bigots, mielleux, cafards, des pestes redoutables.

1866.

XXXVI

Il existe, à l'angle de la rue de la Chaussée-d'Antin et de la rue Basse-du-Rempart, une maison remarquable par les cariatides de la façade qui donne sur la rue Basse-du-Rempart. Comme cette dernière rue doit disparaitre, la magnifique maison aux cariatides, bâtie depuis vingt ans seulement, va être démolie.Le jury d'expropriation accorde trois millions demandés par le propriétaire et consentis par la Ville. — Trois millions ! Quelle dépense utile et productive !

1866.

XXXVII

« L'aristocratie britannique est avertie. Il y a
« au-dessous d'elle des masses imposantes que
« l'*épargne* et l'instruction ont moralisées, élevées
« à la hauteur des droits politiques qu'on leur
« refuse. »

L'*épargne* mise avant l'instruction quand il s'agit de moraliser. Il y a là l'esprit d'une époque.

1866.

XXXVIII.

LA LOI SUR LES COALITIONS

D'après la nouvelle loi, si des ouvriers agissent au nom de leurs camarades sans les consulter, comme ont fait quelques cochers dans la grève de ce corps d'état, ils sont condamnés pour *manœuvres frauduleuses*, comme ayant agi sans titre, et si, au contraire, les ouvriers se réunissent pour donner des pouvoirs réguliers à des délégués, ceux-ci sont condamnés pour association illicite, ainsi qu'il vient d'arriver aux ouvriers veloutiers de Saint-Étienne. Les tribunaux, c'est-à-dire le pouvoir, sont donc maîtres de frapper à volonté ou de laisser agir les ouvriers coalisés. C'est une affaire de bon plaisir.

Janvier 1866.

XXXIX

LA MISÈRE COMME MOYEN DE RÉVOLUTION

Article Léon Walras, dans la *Presse*, sur le mouvement coopératif. Il paraîtrait que la crainte des conséquences funestes de cette tendance s'est élevée dans les esprits, car l'article de la

Presse a pour but d'y répondre et n'y répond guère.

« Vous voulez », nous disent certaines per-sonnes, « donner au peuple, par l'association, la « richesse, et, avec la richesse, la crainte des « révolutions et de la guerre. Prenez garde de « lui donner en même temps l'horreur de toute « noble agitation politique et de toute grande « entreprise belliqueuse. Mieux vaudrait, selon « nous, sa pauvreté actuelle avec des disposi-« tions plus honorables. »

Je doute que personne ait jamais posé l'objec-tion en de pareils termes. C'est un ennemi seul qui travestit ainsi les remontrances et les inquié-tudes des républicains sérieux. Nul ne souhaite le maintien de la misère comme moyen de révo-lution. Si le despotisme fesait disparaître la misère, il faudrait courber la tête. Les objections sont tout autres.

L'écrivain de la *Presse* essaie de les combattre en disant que pauvreté et servitude, liberté et richesse vont toujours ensemble. Ce sont là de vaines généralités. L'Angleterre est riche et on la dit libre. Les riches y sont libres, les pauvres y sont esclaves, rien de plus vrai. Est-ce ainsi que l'économiste Walras entend son axiome : Pauvreté et servitude, richesse et liberté ?

Avril 1866.

XL

CONSPIRATION CLÉRICO-CAPITALISTE

Conspiration permanente du capital et du cléricalisme. Le capital commandite le travail des couvents et donne la préférence à leurs produits. Il prodigue les subsides aux écoles cléricales qui ont pour but l'abrutissement des masses ; il rêve, avec le cléricalisme, des saints Labres et des saintes Germaine-Cousins, et les offre, comme idéal, aux classes laborieuses. Le crétinisme physique et moral, tel est l'avenir qu'ils s'efforcent ensemble de préparer aux masses, assurés de trouver dans cet abêtissement la sécurité de leur domination.

1867.

XLI

L'INFANTICIDE. SES CAUSES : DIEU ET LE CAPITAL

L'infanticide a deux causes : le capital qui fait des pauvres et empêche les filles de trouver des maris, le christianisme qui flétrit sans pitié la maternité hors mariage.

Les filles riches n'ont que le choix entre les prétendants. Les filles pauvres restent au rebut. Toutes ont un cœur. Mais, aux unes la maternité est une gloire, aux autres un opprobre. Ainsi le veut l'ordre actuel.

Dieu et le capital s'associent pour exterminer la fille-mère. Le capital lui ôte le pain. Dieu lui ôte l'honneur. C'est de leur main que l'enfant périt ; la mère est folle de désespoir. Que de millions de ces victimes !

Que deviennent les deux meurtriers ? Où sont-ils ? L'un sur le trône, l'autre sur l'autel. Et les âmes honnêtes ne voueraient pas une haine implacable à ces monstres !

1867.

XLII

DE L'ÉCHANGE ET DE SES ENTRAVES PAR LE CAPITAL

« Détourner de l'échange une partie considé-
« rable des produits, afin d'en prêter l'équivalent,
« sous des conditions léonines, aux producteurs
« réduits à merci...

« ... Paralyser, par l'interdiction de l'échange,
« une partie considérable de la production, afin
« d'en prêter l'équivalent à des conditions
« léonines, etc. »

Idée fausse ou du moins obscure. On ne détourne
pas de l'échange des produits quelconques, pour
en prêter l'équivalent à intérêt ; on détourne le
numéraire de l'échange, en laissant des produits
sans placement, afin de prêter ce numéraire, sous
des conditions léonines, aux producteurs qui ne
trouvent plus à échanger leur produit ou leur
travail.

1867.

XLIII

QUELQUES ASSERTIONS DE GEORGES DUCHÊNE

« En 1764, il fallait 64 hectares pour nourrir un
« habitant en France. En 1840, il suffisait de 41
« hectares. »

Or, la France a une superficie de 54,305,100
hectares, tout compris, terre et eau. Il résulte
de là qu'en 1764, la France n'avait que 848,517
habitants et, en 1840, elle en avait 1,324,514. Voilà
de la singulière statistique.

D'après Duchêne, c'est la nécessité seule, la

famine,la misère qui ont amené toutes les transformations du travail,tous les développements de l'industrie, l'association des bras comme celle des capitaux, la production collective par le groupement
des travailleurs et de l'épargne, l'accroissement
rapide des produits, en quantité, en promptitude.

De là, la solidarité des ouvriers poussée jusqu'à
la servitude, celle des capitalistes jusqu'à la ruine,
l'individu absorbé dans l'être collectif, l'artisan
primé par la machine, etc.

Tout cela par nécessité impérieuse, pour ne pas
mourir de faim.

Août 1867.

XLIV

LANGLOIS ET LA QUESTION SOCIALE

Lettre de Langlois qui propose de demander
à tous les journaux leur recette pour la solution
scientifique et pacifique du problème social.

Le problème social, c'est le prélèvement par
la rente, sous toutes ses formes, du capital, de
55 pour cent de la production nationale. Il s'agit de
débarrasser pacifiquement le pays de ce chancre.
Que chacun dise son moyen. Langlois devrait
commencer par nous conter le sien.

Janvier 1868.

XLV

L'EXCLUSIVISME OUVRIER

La proposition T... de n'admettre que des ouvriers dans l'*Internationale* et le coopératif tend au rétablissement des corporations de l'ancien régime et du compagnonnage.

C'est l'abdication de toute idée politique et civique, le parquement des travailleurs dans une existence toute privée, purement matérielle. C'est leur dégradation intellectuelle et morale, la proclamation de leur infériorité comme caste. C'est une véritable abdication.

Janvier 1868.

XLVI

MORT DU PETIT COMMERCE

Les grandes compagnies. — Les grosses maisons. — Mort du petit commerce. — Envahissement rapide par le capital. — Disparition progressive du commerce moyen, de l'industrie moyenne. Plus rien que des salariés et de grands barons de la finance, de l'industrie et du commerce.

Février 1868.

XLVII

LES PHILANTHROPES

« L'ivrognerie fait autant de progrès en Angle-
« terre qu'en Russie. Il s'y dépense par an près
« de 100 millions sterling en spiritueux (deux
« milliards cinq cents millions de francs). Les
« crimes et la misère augmentent en raison
« inverse des efforts faits par les philanthropes,
« pour diminuer ces maux. » (*Moniteur* du 23
mai 1869.)

Les philanthropes ont bonne table, bons couverts et bons vêtements. Ils peuvent philosopher à leur aise.

La liberté (mode anglaise) fabrique des millionnaires par douzaines, des affamés par millions. Les millionnaires se font philanthropes. Les affamés vont boire pour étourdir leur faim.

Messieurs les philanthropes guérissent d'une main le mal qu'ils font de l'autre. Seulement le bien de leur crû est un grain de sable, le mal est une montagne.

1869.

II. — 20

XLVIII

LES LIVRETS D'OUVRIERS

Discours de Bonaparte au conseil d'État sur le retrait de la loi des livrets qui mettait les ouvriers hors du droit commun.

Fort bien ! Qui avait mis ainsi les ouvriers hors du droit commun ? La loi du 22 juin 1854. Les ouvriers peuvent dire : « L'Empire nous « l'avait ôté, l'Empire nous l'a rendu. Que son « saint nom soit béni ! »

Mais il y a bien d'autres lois qui mettent les ouvriers hors du droit commun. Celle du timbre et surtout du cautionnement leur enlève la faculté de lire et de dire leur opinion dans la presse.

Mars 1869.

XLIX

LOCUTIONS CAPITALISTES

Le capital se refuse. — Le capital est timide. — Le capital se cache. — Placer ses capitaux. —

Bon placement. — Placement sûr. — Placement sur hypothèque, sur l'État, sur les chemins de fer, dans les compagnies industrielles. — Emploi des capitaux.

Juillet 1869.

L

SACRISTIE, BOURSE, CASERNE

... La sacristie, la bourse et la caserne, ces trois antres associés pour vomir sur les nations la nuit, la misère et la mort.

Octobre 1869.

LI

La quantité des marchandises exportées accuse le vol fait au travail.

Novembre 1869.

LII

L'EXPLOITATION DE L'ENFANCE

Dans une verrerie de la Seine-Inférieure, une trentaine d'enfants, dont beaucoup n'ont que de six à dix ans, travaillent, de quatre heures du matin à trois heures du soir, près d'une fournaise ardente de verre en fusion.

Ils gagnent 40 centimes par jour, n'ont que deux demi-heures de repos pendant cet intervalle et n'ont qu'un jour de repos par an. Ils ne reçoivent aucune instruction.

Plusieurs de ces enfants sont des pensionnaires des hospices.

Le *Siècle* dit :

« Nous adjurons tous les honnêtes gens qui « auraient connaissance de faits semblables de « les dénoncer à l'indignation publique. »

Très bien ! Seulement le *Siècle* a soin de ne dénoncer ni le nom du directeur de la verrerie, ni même le lieu où elle est située.

Novembre 1869.

LIII

RÉUNION PUBLIQUE

Réunion publique de la salle Molière. — Sujet : Libre échange et protection.

Le citoyen Terray dit : « Il faut que le capital « reprenne son véritable rôle, sa valeur réelle, « qu'il redevienne du travail accumulé, au lieu « d'être de la spéculation accumulée. »

Le sieur Falcet soutient, comme Bancel à la tribune, que la question sociale se résoudra d'elle-même par la liberté.

Réfutation par Héligon. Il soutient l'équivalence des fonctions. Le prix de l'heure de travail doit être le même pour tous, ouvriers ou avocats, architectes, ingénieurs, etc.

La source de la misère des masses est dans le parasitisme capitaliste.

Décembre 1869

LIV

LE VAMPIRISME

Le vampirisme est un vice de cerveau, non de caste. Le monde a été sa proie jusqu'aujourd'hui.

II. — 20*

Que propose Mlle Royer au nom du progrès ? De livrer complètement l'espèce humaine aux vampires, ces monstruosités cérébrales. — Merci !

Décembre 1869.

LV

La monnaie française adoptée en Chine. — Aux îles Havaï, les porcs, monnaie courante.

Décembre 1869.

LVI

L'INSTRUCTION GRATUITE ET OBLIGATOIRE ET L'ENSEIGNEMENT LIBRE

Des esprits de travers, — des traîtres plutôt, — repoussent l'instruction gratuite et obligatoire, sous prétexte que cette gratuité est une fiction et qu'en définitive c'est le peuple qui paie. Belle occasion pour faire étalage de science ! Quelle que soit la main qui paie l'enseignement, celle de l'État ou des particuliers, des libres penseurs ou des prêtres, l'argent, en fin de compte, ne sort-il pas toujours de la poche du travailleur?

Veut-on livrer les jeunes générations au cléricalisme? La démocratie est pauvre. Pour quelques douzaines d'écoles fondées à grand' peine et à grand bruit, des milliers de jésuitières couvriraient le sol rapidement et en silence. Ces officines de ténèbres sont le meilleur appui, la dernière espérance du capital. Il achètera des monceaux d'or, sans lésiner, l'abrutissement qui lui garantit la docilité de ses esclaves. Ce sont des écus placés à mille pour cent, et, comme ils tombent de l'escarcelle populaire, c'est, en fin de compte, le travailleur qui paiera, de ses deniers, l'empoisonnement de son intelligence. Savante combinaison vraiment!

1869.

Discours de P... sur l'instruction

Il repousse « l'instruction gratuite et obli-
« gatoire, au nom de l'économie, de la dignité
« et de la liberté. Il demande à la fois l'instruc-
« tion intellectuelle et manuelle.
« Il redoute cette anomalie de déclassés qu'on
« voit chaque jour, qui sont très instruits, très

« intelligents, et qui sont hors d'état de gagner
« leur vie... »

Il émet ces axiomes : « Si la société était
« composée de producteurs, de bons ouvriers,
« mais ignorants, elle marcherait, tombant de
« l'exploitation au despotisme, mais elle vivrait.
« D'autre part, si la société était composée de
« savants, nullement producteurs, elle ne
« saurait vivre. »

« ...Le seul moyen d'exécuter son système est
« l'association. »

L'orateur repousse la gratuité, l'obligation et
l'enseignement exclusivement laïque, comme
attentatoires à la liberté et aggravant la réglementation centralisatrice.

Il dit que l'instruction gratuite grèverait le
budget de 1.200 millions, etc.

Le sieur P... ne doit être autre chose qu'un
agent clérical, affublé d'un masque démocratique.
Toutes ses propositions, toutes ses théories
aboutiraient au triomphe de la contre-révolution.

Août 1869.

Le citoyen P... combat l'instruction obligatoire
et « demande l'enseignement libre. Il ajoute que,
« malgré les préjugés, la doctrine de l'ensei-
« gnement libre, de la liberté sans l'obligation,

« gagne chaque jour du terrain et finira par
« triompher. »

Ce jour-là, les jésuites chanteront un beau *Te
Deum*. Ils tiendront la France.

Le citoyen P... est leur émissaire, il n'est pas
possible d'en douter. Un homme de simple bon
sens voit du premier coup d'œil que l'enseignement libre, sans l'intervention de l'État, ni la
gratuité, c'est le monopole de l'enseignement
aux mains du clergé, le triomphe de la coalition
clérico-capitaliste.

Cette idée-là ne gagne du terrain que dans les
feuilles de sacristie, le *Monde*, l'*Univers*, l'*Union*,
et tous les affidés de Loyola ne la feront pas
admettre par les réunions populaires. Ce P... est
un traître, un suppôt du jésuitisme. Les bons
pères en ont dans toutes les assemblées populaires. En 1848, ils en avaient dans chaque club.

Septembre 1869.

Article du *National* (1869) sur les réunions
publiques. Flatteries au coopératif et au
Proudhonisme. Projets de mariage entre le
capital et la main-d'œuvre.

Réunions publiques. Éducation des enfants.

P... combat avec acharnement la gratuité et
l'obligation. Il veut l'association libre, rien autre
chose.

Millière voit dans cette prétendue liberté un piège des congrégations.

R... le réfute avec passion et demande la liberté, rien que la liberté absolue. Il veut qu'on ait, dans un État libre, la liberté d'avoir une religion.

Le président dit que, pour toute amélioration, Millière se borne à substituer la congrégation communiste à la congrégation cléricale, conclusion que le *National* trouve de toute justesse.

Septembre 1869.

Le fameux P... pose cette question: « Que faire, « la liberté reconquise, pour empêcher l'arrêt « subit du travail, de l'industrie et du com- « merce ? pour empêcher une nouvelle chute de « la Révolution sociale ? »

Le P... est un agent des jésuites et un agent fort habile. Il réclame à grands cris l'enseignement libre et poursuit à mort l'instruction laïque, gratuite et obligatoire, double manœuvre qui livrerait aux prêtres l'avenir de la France.

Il ne se borne pas à cette guerre sans quartier contre la Révolution. Il en prend le masque pour la frapper au point mortel. Sous prétexte de dévouement aux ouvriers, il leur met sous le nez la question qui les trouble et les fait trembler, la question du lendemain, celle de vivre ou de mourir de faim, question que ledit P... sait insoluble. C'est la question capitale en effet. Mais qui peut en donner une solution régulière et raisonnée? Ni lui, avec son faux Proudhonisme, ni le congrès de Bâle, avec son collectivisme.

- Elle est suffisamment compliquée pour défier et culbuter tous les systèmes dogmatiques qui s'agitent dans les poches des théoriciens. La réaction sait cela, et son perfide émissaire se fait un malin plaisir de bafouer la Révolution.

Septembre 1869.

Si, dans une nuit, hommes et femmes étaient transformés en académiciens, possédant l'instruction universelle, le tumulte de l'activité sociale, provoqué par cet événement, serait comparable à la substitution de l'oxygène à l'air dans le phénomène de la combustion. — Sottise du propos tenu par P..., dans une réunion publique, sur la stérilité industrielle de la haute instruction.

Mars 1870.

LVII

LA PRESSE CAPITALISTE

La presse du capital, impuissante et discré-
ditée, n'a rien pu sur les élections. Il ne faut
jamais croire un mot de ce qu'elle dit. Derrière
chaque journal quotidien, il y a la faction
capitaliste, ennemie ouverte ou cachée, procédant
par violence ou par jésuitisme.

Rothschild, avec ses 1.800 millions, peut
fournir chaque jour à la geôle et au parquet des
gérants, des imprimeurs et des écrivains par
douzaines. Cette même misère, créée par son
opulence, lui offre au choix des milliers d'affamés,
trop heureux peut-être, hélas ! de trouver un
morceau de pain sous les verrous.

1869.

Comme les riches ont maintenant la faculté
de faire des journaux sans permission, le *Phare
de la Loire* assure que le gouvernement a *rétabli*
la liberté de la presse.

Mais les pauvres sont bâillonnés par le
cautionnement. L'abolition du timbre ne ferait

que renforcer le monopole du capital, en lui permettant d'écraser le pauvre par le bas prix du produit. Car le pauvre ne peut imprimer qu'en province, et chaque feuille arrive grevée de quatre centimes de port.

Mars 1869.

Le *Figaro* déblatère contre l'*Internationale* et refuse d'insérer la réponse à ses mensonges. Voilà le monopole de la presse par le capital. Le cautionnement, le timbre, les droits de poste exorbitants assurent aux écus l'impunité de l'outrage et de la calomnie. Le pauvre est bâillonné et doit subir muet la bastonnade.

Juin 1870.

LVIII

Est-ce que l'argent n'est pas fait pour rouler ? — Si. — Eh! bien, les riches le font rouler, le gouvernement aussi. Quand ils vous vendent quelque chose, l'argent roule, le commerce va. — Oui, quand l'argent roule d'eux à nous, il leur rend quelque chose. Quand il roule de nous à eux, sous forme d'impôt ou de rente, il ne nous rend rien.

1870.

LIX

LISTE CIVILE

Voltaire disait : « Le million sterling de liste « civile du roi d'Angleterre revient tout entier « au peuple, par la consommation. » — Le roi d'Angleterre reçoit gratuitement les guinées, et ne les rend pas. Il les échange contre des valeurs équivalentes, c'est-à-dire que la nation lui fait cadeau de tout ce qu'il consomme et fait consommer par sa domesticité haute et basse.

Mars 1870.

LX

NOTRE MONNAIE CHEZ LES SAUVAGES

Nous avons introduit l'usage de notre monnaie dans la Polynésie et chez les indigènes des deux

Amériques. Ils l'ont acceptée comme tout ce qu'il a plu à leurs conquérants de leur imposer. Mais cette intrusion violente d'une institution étrangère dans une société qui ne la comporte pas ne sera, pour ces malheureuses peuplades, qu'un agent de mort, comme toutes les autres importations de même origine, l'eau-de-vie, le christianisme, les deux véroles, etc.

Avril 1870.

LXI

LES GENTILLESSES DU LUXE

Le Club des patineurs de Paris consomme par an 50.000 pigeons : 10.000 abattus dans l'enceinte; 5.000 ramassés par les *écumeurs* en dehors de l'enceinte ; 10.000 blessés qui vont mourir dans tous les coins. — Le reste s'échappe. — Les pigeons belges, manqués, retournent dans leur pays.

Juin 1870

LXII

LE LOYER DES MAISONS ET LE LOYER DE L'ARGENT

Le loyer des maisons assimilable à la rente de la terre. — La maison est bâtie ou achetée avec une somme d'argent. Le loyer représente l'intérêt de cette somme.

Quand le capital est prêté sous forme de numéraire, la perception de l'intérêt est beaucoup plus régulière et plus sûre. Point de non-valeurs par vacance, point de réparations, point d'impositions.

En revanche, avec le temps, le prix de l'argent baisse, le capital et son revenu diminuent.

Au contraire, la maison, comme la terre, gagne en valeur. Par suite le capital et son revenu s'accroissent. En compensation, la maison coûte de l'entretien, paie l'impôt, reste parfois inhabitée, essuie des dégradations continuelles qui la démolissent.

Juillet 1870.

LXIII

L'USURE ET LE CODE CIVIL EN KABYLIE

« Le prêt à intérêt est légal en Kabylie. 33 pour
« cent, voilà l'intérêt ordinaire, et parfois 60 pour
« cent. On a même vu prêter à 5 pour cent, d'un
« marché à l'autre, c'est-à-dire pour une se-
« maine. (C'est au taux de 260 pour cent.) »

En matière d'hypothèques, la coutume rend
le prêteur usufruitier de tout ou partie du bien
hypothéqué jusqu'à restitution entière de la
somme. C'est le pays de cocagne de l'usure que
la Kabylie. Mais comment nos économistes
concilieraient-ils l'exorbitance de l'intérêt avec
l'exorbitance de la garantie accordée au prêteur,
eux qui font l'élévation du taux la conséquence
obligée du risque couru, et n'expliquent, ne
justifient l'une que par l'autre ?

L'expropriation a lieu chez les Kabyles comme
en France, pour dettes non acquittées. Pour les
meubles, possession vaut titre.

Point de prescription pour les objets volés.

Ce code civil, aussi compliqué et détaillé que
le nôtre, n'est point écrit. Il se conserve et se
transmet de mémoire d'une génération à l'autre.

Chaque Kabyle sait la loi par cœur, bien qu'elle ne soit formulée nulle part. En France, où elle existe par milliers d'exemplaires, avec des monceaux de commentaires, personne ne la connait, pas même un avocat sur trente.

Fort du Taureau, juillet 1871.

LXIV

Le pauvre est un besoin pour le riche.

1874.

FIN DU TOME SECOND ET DERNIER

TABLE

FRAGMENTS

I. L'Épargne 1
    La Caisse d'épargne 1
    Du Capital et de l'Épargne 6
II. Balance du commerce 9
III. Le Numéraire 14
    L'Or et l'Argent, leur rôle 14
    Variation dans le prix des métaux précieux 17
    Frai de la monnaie 20
    Sa Majesté l'Empereur-Écu 20
    Puissance du numéraire 21
IV. L'Équivalence, loi de l'échange 22
V. Question du crédit 25
VI. Papier-monnaie 28
VII. L'Abondance du stock 34
VIII. La Dette 36
IX. L'Impôt progressif 38
X. Propriété intellectuelle 42
XI. La Propriété territoriale 47
XII. La Terre, instrument de travail 49
XIII. La Circulation 51
XIV. Role du capital 52
XV. La Guerre du capital a la Révolution. 54

XVI. L'Économie politique sans morale... 58
XVII. Fausse monnaie gouvernementale ... 59
XVIII. La Monnaie de papier............... 61
XIX. L'Abondance des capitaux.......... 63
XX. Les Formes de l'usure............. 64
XXI. L'Origine des fortunes 65
XXII. La Triade........................ 66
XXIII. Le Communisme primitif............. 68
XXIV. Le Travail des couvents........... 82
XXV. Le Creuzot. Les Salaires.......... 87
XXVI. Amende et confiscation 89
XXVII. Les Conquêtes de l'industrie....... 92
XXVIII. Démagogie césarienne............... 94
XXIX. La Fraternité.................... 96
XXX. Lamartine et Rothschild 100
XXXI. Discours de Lamartine............. 103
XXXII. Les Partageux.................... 106
XXXIII. Résignation..................... 109
XXXIV. Les Sectes et la Révolution....... 112
XXXV. La Marche a suivre............... 117
XXXVI. Qui fait la soupe doit la manger... 118

LE COOPÉRATIF

I. Coopération et Réaction................ 129
II. Sociétés coopératives................ 138
Société de crédit.................. 139
Société générale entre ouvriers du bâti-
ment............................. 140
La Boulangerie coopérative.......... 141
III. Projet de discours................ 143

TABLE · 369

IV. Congrès de Lausanne.................... 163
.V. Grève et Coopération................. 166
VI. Le Mouvement coopératif en Allemagne.. 168
VII. L'Internationale...................... 171

LES QUESTIONS ÉCONOMIQUES
AU PARLEMENT

I. Les Articles 415 et 416 contre les coa-
     lITIONS 175
II. Le Billet de Banque.................. 179
III. Projet de caisse de retraite pour la
     vieillesse 185
IV. Les Logements de la classe ouvrière... 186
V. Impot des boissons.................... 188
VI. Saint-Étienne........................ 225
     Association de Rubaniers............. 225
     Lutte entre les fabricants et les ouvriers 226
     Exposé des motifs du transfèrement de
     la Préfecture...................... 229
     Discussion sur le transfèrement....... 229
VII. Rapport gigantesque de Thiers sur l'as-
     sistance publique................... 234
VIII. Associations ouvrières............... 263
     Discussion sur le crédit de trois millions
     à allouer aux associations ouvrières. 263
     Rapport Lefebvre-Duruflé............. 264
     Proposition Nadaud-Morellet.......... 274
IX. Les Prestations...................... 278
X. Loi sur le tissage et le bobinage...... 286
XI. Discours du fabricant-sénateur comte
     de Mimerel........................ 296
XII. Discours du sénateur Brenier......... 306

NOTES

i. Banquet à Corbie (Somme) pour célébrer les bonnes doctrines.................. 309

ii. Un arrêté du préfet du Nord............ 311

iii. Coalition, à Lille..................... 311

iv. Un mot de Ch. Dupin.................. 312

v. Walras La Palisse..................... 312

vi. Contre Paris 313

vii. Un mot de Rouher.................... 314

viii. Communisme et Proudhonisme........ 314

ix. Les probabilités de vie................. 315

x. Les grands......................... 315

xi. Un riche mort....................... 315

xii. Le socialisme réunit tous les mérites.... 316

xiii. Les paysans crient................... 316

xiv. Les Frais généraux de production..... 317

xv. Discours prononcé à l'asile de Cernay... 317

xvi. Trois remèdes...................... 318

xvii. Pasquinade 321

xviii. L'Octroi de Paris.................... 322

xix. Le *Moniteur* et Ch. Dupin............ 322

xx. Les Machines....................... 323

xxi. Richelieu.......................... 324

xxii. Engraisser un peuple................. 325

xxiii. Citation curieuse.................... 325

xxiv. Le Rançonnement universel........... 326

xxv. Le Luxe........................... 327

xxvi. Lourd et vulgaire article de Baudrillart. 327

xxvii. Les Routes......................... 328

xxviii. L'Hôpital, providence du pauvre........ 329

xxix. La Traite.......................... 330

TABLE 371

XXX. Saint-Simoniens. — Crédit intellectuel. 332

XXXI. Une Circulaire électorale 333

XXXII. Misère 335

XXXIII. Les Prélèvements du capital 335

XXXIV. Ouvrière à Londres 338

XXXV. Le Travail des enfants 338

XXXVI. Il existe, à l'angle de la rue 341

XXXVII. L'aristocratie britannique 341

XXXVIII. La Loi sur les coalitions 342

XXXIX. La Misère comme moyen de révolution. 342

XL. Conspiration clérico-capitaliste 344

XLI. L'Infanticide. Ses causes : Dieu et le
capital 344

XLII. De l'Échange et de ses entraves par le
capital 345

XLIII. Quelques assertions de Georges Du-
chêne 346

XLIV. Langlois et la question sociale 347

XLV. L'Exclusivisme ouvrier 348

XLVI. Mort du petit commerce 348

XLVII. Les Philanthropes 349

XLVIII. Les Livrets d'ouvriers 350

XLIX. Locutions capitalistes 350

L. Sacristie, Bourse, Caserne 351

LI. La quantité des marchandises ex-
portées 351

LII. L'Exploitation de l'enfance 352

LIII. Réunion publique 353

LIV. Le Vampirisme 353

LV. La monnaie française 354

LVI. L'Instruction gratuite et obligatoire et
l'Enseignement libre 354

LVII. La Presse capitaliste 360

LVIII. Est-ce que l'argent n'est pas fait pour
rouler ? 361

LIX. Liste civile........................... 362

LX. Notre monnaie chez les sauvages........ 362

LXI. Les Gentillesses du Luxe............... 363

LXII. Le Loyer des maisons et le Loyer de
l'argent........................... 364

LXIII. L'Usure et le Code civil en Kabylie...... 365

LXIV. Le pauvre........................... 366

FIN DE LA TABLE DU TOME SECOND ET DERNIER

9640. — Tours. Imp. E. Arrault et Cⁱᵉ, rue de la Préfecture, 6.

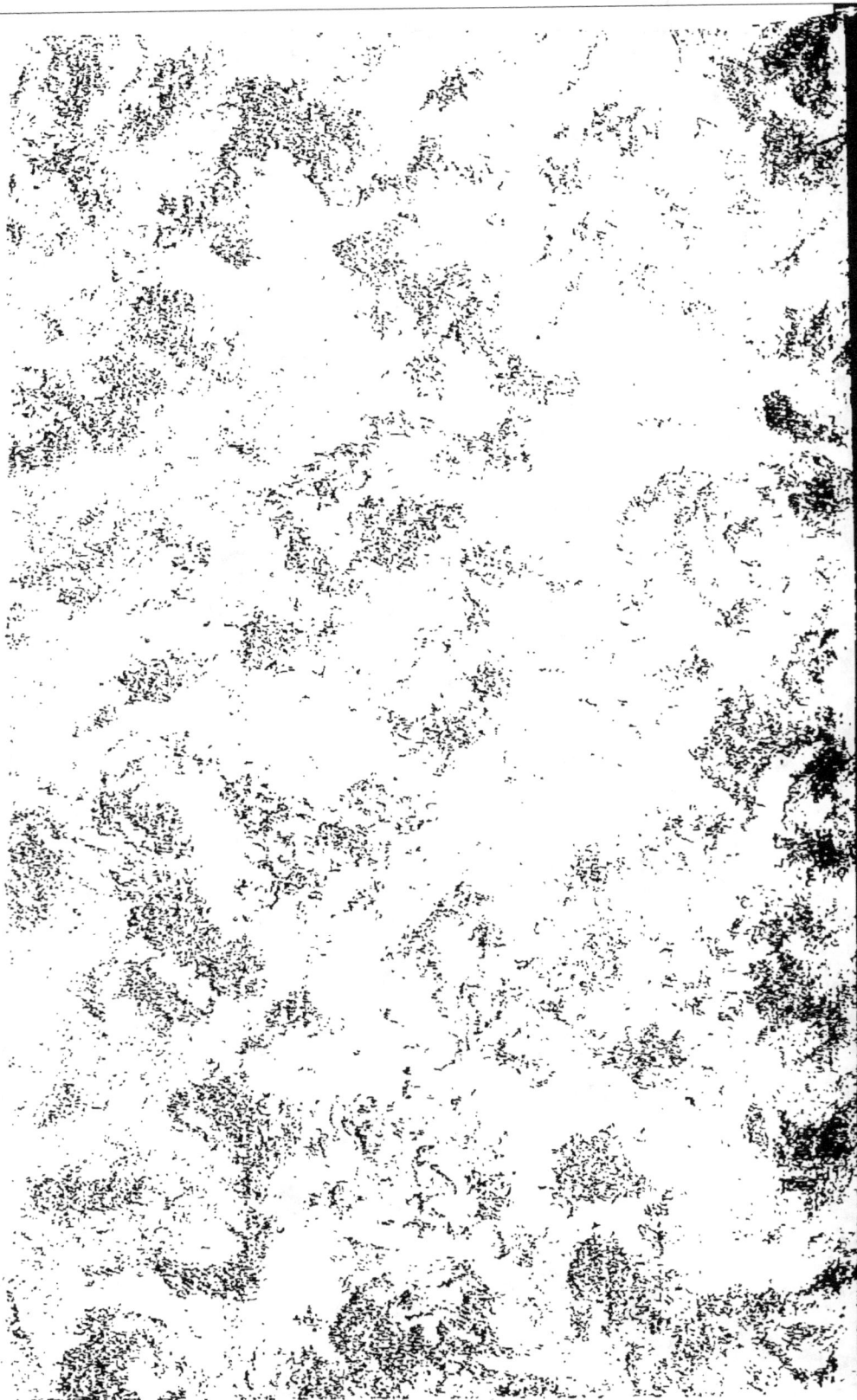

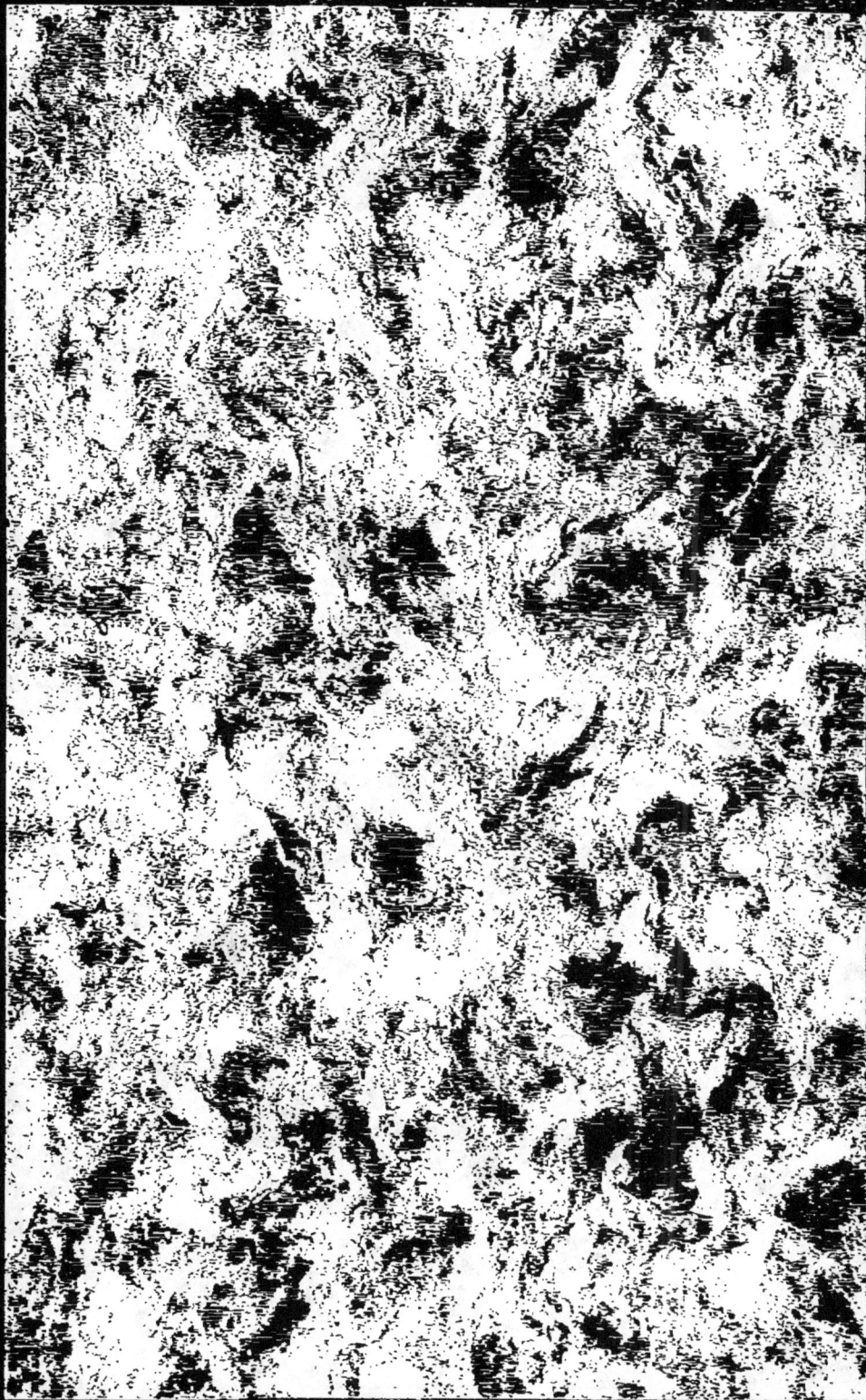

www.ingramcontent.com/pod-product-compliance
Lightning Source LLC
Chambersburg PA
CBHW072013270326
41928CB00009B/1634